중직자 핸드북

초판 1쇄 발행 2018년 6월 15일

지은이 류광수
펴낸이 주석윤
기획편집 배정아 유재언 고지연
디자인 배유진 윤지현 김도희
펴낸곳 도서출판 생명

출판등록 2005년 7월 28일(제315-2005-00033호)
주소 (07587) 서울시 강서구 공항대로 41길 34, 2층 202호
전화 02)3662-3881
팩스 02)3662-7149
ISBN 978-89-91848-64-1*03230
홈페이지 www.darakstore.com
인스타그램 @wedarak

중직자 핸드북

세상을 살리고, 세상을 이끌며, 세상을 이길
중직자여 일어나라!

The Church Officer's Handbook

류광수 지음

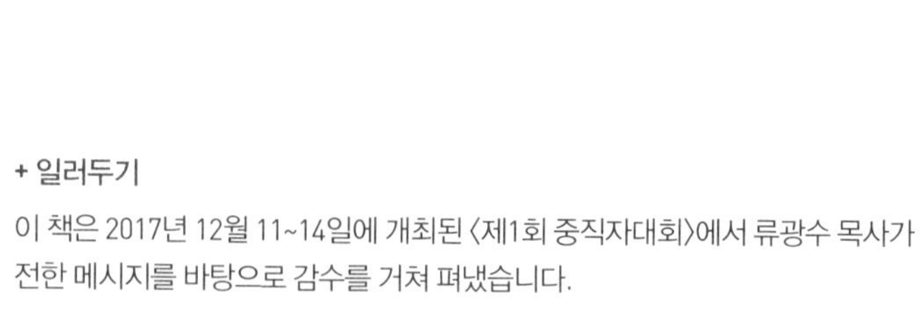

+ 일러두기

이 책은 2017년 12월 11~14일에 개최된 〈제1회 중직자대회〉에서 류광수 목사가
전한 메시지를 바탕으로 감수를 거쳐 펴냈습니다.

중직자의 미션

"그 때에 스데반의 일로 일어난 환난으로 말미암아 흩어진 자들이
베니게와 구브로와 안디옥까지 이르러 유대인에게만 말씀을 전하는데" 사도행전 11:9

중직자의 사명, 중직자의 모임이 중요하다는 사실을 모르면
세상의 것으로, 세상에 눌려, 세상을 위해 살다가 가게 됩니다.

이 시대 중직자 여러분들이 일어나
세상을 살리고, 세상을 이끌며, 세상을 이겨야 합니다.

이 책은 〈제1회 중직자대회〉라는 새로운 시작을 맞이하여
선포된 말씀을 바탕으로 하고 있습니다.
중직자 여러분이 장로, 안수집사, 권사로서
"나는 하나님 앞에서 무엇을 어떻게 해야 하는가?"에 관한
천명을 얻는 평생의 기회가 되기를 함께 기도합니다.

세계복음화 상임위원회 총재
류광수 목사

목 차

PART 2　중직자와 전도자의 삶

“그 때에 스데반의 일로 일어난 환난으로 말미암아
흩어진 자들이 베니게와 구브로와 안디옥까지 이르러
유대인에게만 말씀을 전하는데”사도행전 11:19

중직자의
미션

1. 중직자와 교회

하나님이 원하시는 중직자와 교회

저는 어릴 때부터 교회를 다니면서, 교회가 겪는 어려움과 현실을 많이 보았습니다. 그리고 이렇게 생각하고 기도했습니다. "중직자가 일어나야 교회가 살아난다." 10년 전인 2008년 원단메시지로 '중직자시대 - 생명적 헌신, 생명건 헌신, 생명살린 헌신'을 처음으로 선포하고, 2009년에는 중직자대학원을 시작했습니다. 이렇게 본격적으로 "중직자시대를 열자!"라는 말씀이 선포된 이후 지금까지 많은 중직자가 일어나고 있습니다. 2017년에 들어서면서 하나님이 응답하시는 시간표를 따라 중직자분에게 이제는 대회를 열자고 부탁하고, 이번 12월에 〈제1회 중직자대회〉를 열게 되었습니다.

그 이유가 무엇이겠습니까? 지금 세계 교회의 현실을 보십시오. 유럽 교회 목사들은 힘이 다 빠져버렸고, 교회는 문을 닫기 시작했습니다. 그렇다면 하나님은 가만히 계실까요? 둘 중에 하나입니다. "우리가 일어나서 복음을 회복하느냐?" 아니면 "재앙이냐?"입니다. 역사적으로 절대 피할 길이 없습니다.

한국 교회도 벌써 문을 닫기 시작하고 있습니다. 그동안 교회에는 성공을 하고 싶어 하는 사람들이 모였습니다. 그래서 나름대로 많은 사람이 성공하기도 했습니다. 그런데 이제 그 '남은 성공'을 처리하기 위해서 싸우고 있는 모습을 보게 됩니다. 앞으로 미래의 한국 교회에는 '성공을 누리는 자만 남고, 성공하지 못한 자는 교회를 떠나게 되지 않을까?'라는 생각이 듭니다. 물론 제가 잘못 본 것일 수도 있습니다.

그렇게 되지 않기 위해 이제는 중직자가 일어나야 합니다. 초대교회 당시 바리새 교권과 로마 정권이 복음가진 자를 핍박하고 죽였습니다. 이때 많은 평신도와 후대가 무너졌습니다. 이것을 보고 언약가진 중직자들이 일어났습니다. 이들은 다른 계산을 하지 않았습니다, 오직 복음만 생각하고 흔들리지 않았습니다. 오히려 멀리 내다보고, 미래를 보았으며, 영원한 것을 보았습니다. 하나님은 이 중직자들을 통해 세상을 변화시켰습니다.

그런데 초대교회 이후의 모습을 보십시오. 오직 복음 중심의 교회는 어느샌가 성공 중심의 교회로 변질되고 말았습니다. 극심한 핍박 끝에, 250년 만에 로마 황제가 그리스도를 주로 시인하고 국교로 선언했습니다. 밀라노 칙령, 313년 2월 마침내 핍박에서 해방된 초대교회에는 큰 성공이 온 것 같았습니다. 이것은 과연 교회의 성공이었을까요? 아니면 실패였을까요? 저는 실패라고 봅니다.

이때부터 황제가 교회에 예배를 드리러 왔습니다. 그러니 그날로부터 황제가 어느 교회, 어느 자리에 앉아 예배를 드리는지가 중요한 관심사가 되었습니다. 황제가 예배를 드리러 왔기 때문에 많은 신하도 전부 교회에 와야만 했습니다. 거기에는 눈치 빠른 경제인들과 많은 정치인이 따라 붙었습니다. 더 이상 전도할 필요도 없게 되었습니다. 황제가 예배를 드리기 때문에, 백성은 모두 예수를 그리스도로 믿든 안 믿든 교회에 와야 했기 때문입니다. 그러니 당시 교회를 장악하고 있던 교권, 성공만을 노렸던 사람들은 복음을 순진하고 어리석은 것으로 보았을 것입니다. 이렇게 또 복음은 점점 희미해지고, 사라져갔습니다. 그 결과 엄청난 재앙이 따라왔습니다. 후대들은 바리새인들 때문에 이천 년 동안 처절한 고통을 겪었습니다. 중세 교회로 인한 전쟁도 계속 겪어야만 했습니다. 독일 나치의 유대인 학살이라는 재앙도 피할 수 없었습니다.

중세 교회시대에 이 모습을 보게 된 마틴 루터Martin Luther, 1483~1546가 로마서 1장 16~17절 말씀을 가지고 질문을 던졌습니다. "오직 복음으로만 구원받는 것 아닌가? 이 많은 업적과 능력, 이외의 것들이 구원의 조건은 아니지 않은가?"

그때 군데군데에서 중직자 성주들이 일어났습니다. 그중 중직자 한 명이 루터를 숨기고 그에게 부탁했습니다. "성경을 번역해서 전 백성이 읽도록 해라." 이들의 외침은 누구도 막을 수 없었습니다. 이 복음을 회복한 중직자운동 앞에 결국 교황이 무릎을 꿇었습니다. 이렇게 중직자가 복음을 들고 일어나면 다 살게 됩니다.

안디옥교회의 사람들은 "스데반의 환란으로 인하여 모인 자"사도행전 11:19였습니다. 이들을 보며 중요한 것을 붙잡아야 합니다. 중직자와 교회입니다. 그렇다면 하나님이 정말 원하시는 중직자와 교회는 무엇일까요?

이것은 참된 복음을 알려주는 길이 될 것입니다. 그리고

"앞으로 교회는 어떻게 될 것인가?"를 알 수 있는 척도입니다. 초대교회 중직자들이 가장 잘한 것은 교회에 모였다는 것입니다. 이들은 도대체 교회에서 무엇을 했을까요?

◆ 초대교회 중직자들은 구원받은 모든 성도에게 하나님의 계획이 숨겨져 있음을 알았습니다.
◆ 그래서 만남 가운데 모든 성도에게 하나님이 원하시는 답을 주었습니다.
◆ 죽이는 답을 준 것이 아니라, 모든 성도를 살리는 답을 준 것입니다.

이 말을 알아듣지 못하면 한국 교회와 세계 교회는 계속 분쟁만 하다가 결국 끝나게 될 것입니다. 이 말을 알아듣지 못하면 우리의 교회는 당대에 끝나고, 다음 세대에 바로 문제가 들이닥치게 됩니다. 아무리 아니라 해도 틀림없습니다.

목사는 성도들에게 성공을 가르치면 안 됩니다. 성경에는 그런 말이 없습니다. 구원이 곧 성공입니다. 나머지는 하나님이 주시는 응답으로 따라옵니다. 목사가 교회에서 자꾸 틀린 것을 가르치면 당대가 지난 다음에 반드시 문제가 옵니다.

중직자는 정신을 차리고 일어나야 합니다. 여러분이 정신을 차리지 않으면 후대를 영적으로 모두 죽이는 것입니다. 중직자가 빨리 일어나 모든 교회를 살려야 합니다. 정치에는 여당과 야당이 있어야 합니다. 그런데 천국과 교회에는 여당과 야당이 없습니다. 하나님이 주인이시기 때문입니다. 이 땅에 나타난 그 그림자가 바로 교회입니다.

그래서 중직자는 가장 먼저 교회를 이해해야 합니다. 간혹 중직자가 실수하는 것이 있습니다. '우리 교회로 인재를 모아야 한다.'라는 생각입니다. 그러나 교회에는 거지도 와야 됩니다. 교회는 하나님의 백성이라면 누구든지 함께 예배를 드리는 곳입니다. 대통령과 거지도 함께 예배를 드려야 합니다. 교회에 사람이 많이 모이다 보면 인재도 모이게 됩니다. 그러나 인재만 많이 모아야 한다고 하면 세대가 교체되면서 문제가 바로 오게 됩니다.

그러니 중직자들이 교회를 바로 이해하고 교회를 살려야

합니다. 사도행전 1장 14절의 사람들은 위기 앞에서 생명을 걸고 교회를 살렸습니다. 아무런 계산도 필요 없었습니다. 우리에게 손해가 와도 좋고, 그 외에 어떤 문제가 와도 괜찮습니다. 손익을 따져 계산을 한다면, 이익이 될 때에만 움직일 것 아닙니까? 손해라면 안 할 것입니까? 그러면 그 후에는 어떻게 되겠습니까? 오늘날 교회는 눈앞에 있는 것만 생각하지 이후의 일들을 조금도 생각하지 않습니다. 그것은 불신자가 하는 일입니다. 여러분이라도 하나님의 말씀을 바로 보아야 합니다. 교회는 무능자가 와서 능력자가 되는 곳입니다. 교회는 병든 자가 와서 증인이 되는 곳입니다. 교회는 도둑이 와서 회개하고 선행을 하도록 만드는 곳입니다. 교회는 수준이 낮은 자가 와서 그리스도 때문에 서밋Summit의 자리에 서게 되는 곳입니다. 그러면 어떻게 해야 할까요?

시대 흐름을 타고 사람을 살려라!

성경의 중직자들은 모든 사람을 살리는 시대 흐름을 탔습니다. 무엇을 했는지 살펴봅시다.

출애굽기 3장 16~18절을 보면 하나님이 모세에게 "이스라엘 민족을 회복시킬 것이다. 장로들에게 먼저 말하고 그들과 함께 바로 왕에게 가서 피 제사를 드리겠다고 전하라. 복음을 회복시키겠다고 하라."라고 말씀하셨습니다. 그런데 바로 왕은 하나님의 기적을 보고도 이스라엘 백성을 놓아주지 않았습니다. 결국, 이스라엘 백성은 언약대로 "피 바르는 날" 애굽에서 나왔습니다. 지금 성경에는 "제사"개역개정라고 바꿔 놓았지만 원문과 옛 성경에는 분명히 "희생"개역한글이라고 되어 있습니다. 그것이 맞습니다. 여기서의 "희생"은 "피로 치르는 제사"를 의미합니다. 복음을 잘 모르는 사람들이 번역을 하면서 자꾸만 교묘하게 바꾸는 것입니다. "처녀가 잉태하여 아들을 낳을 것이라"고 했는데, "여자가 잉태하여 아들을 낳을 것이라"고 교묘하게 바꿉니다. 그러므로 여러분이 시대 흐름을 알고, 답을 줘서 사람 살리는 일을 해야 합니다.

여호수아 3장 1~5절을 보시기 바랍니다. 요단을 건널 때의 이야기입니다. "먼저 유사들에게 말해서 그들이 앞서게 하라." 여리고가 무너질 때에도 그랬습니다. "무장한 자와 언약궤 맨 자들을 앞세워 그들을 따라가라."여호수아 6:1~5라고 말했습니다.

가나안 땅에 들어가는 것은 하나님의 계획입니다. 그러니 아주 간단한 일이었습니다. 그래서 먼저 중직자 대표 열두 명을 선택하여 정탐을 보냈습니다. 문제는 정탐을 다녀온 열두 명 중 열 명이 "그들은 강한 자들인데 우리는 능력도, 힘도 없어서 갈 수 없다."라고 보고 한 것입니다. "우리가 가면 결국 죽는다."라는 말이었습니다. 열 명의 정탐꾼이 잘못 본 것이었습니다. 그러나 백성들은 이 보고만을 듣고 대성통곡을 했습니다. 민수기 14:1~10 그때 여호수아, 갈렙이 일어나 "아니다." 라고 했습니다. "그들의 지도자들은 도망갔고, 남은 자들은 간담이 녹았다. 지금이 기회다."라고 했습니다. 올바르게 본 것입니다. 본래 영안이 어두우면 세상 것을 잘 보지만, 영적 부분은 보지 못합니다. 영안이 열린 여러분이 흔들리는 성도들에게 정확한 답을 전달해야 됩니다.

아합 왕이 선지자들을 다 죽이려는 최대의 위기 때, 중직자 오바댜는 선지자 백 명을 숨기고 보호했습니다. 열왕기상 18:1~13 이 것이 시대를 본 중직자가 한 일입니다. 그 뒤에 엘리사가 일어 나고, 칠천 제자가 일어났으며, 도단성운동이 일어났습니다.

사드락, 메삭, 아벳느고, 다니엘입니다. 이 시대에 복음이 사라지니 이스라엘 백성은 또 포로가 되었습니다. 그때 백성 에게 하나님의 능력과 복음의 말씀을 전달할 기회가 왔습니 다. 세 친구는 풀무불 속에 던져질 위기 앞에서 "여호와께서 건져주시지 아니하실지라도 금 신상에게 절하지 않겠다."라 고 고백했습니다. 다니엘 3:8~24 바로 다니엘은 "조서에 왕의 도장 이 찍힌 것을 알고도" 기도의 자리를 지켰습니다. 다니엘 6:10~22 중직자가 이 자리에 서야 합니다.

지금 세계 교회에는 복음이 사라져버렸습니다. 미국의 대 형 교회들은 부도가 나고, 교회당은 팔렸으며, 큰 교회의 지휘

자가 교회에서 자살하는 사건도 있었습니다. 그러니 미국 온 땅에 난리가 난 것입니다. 이제 중직자 여러분이 일어나 교인들을 살려야 합니다.

초대교회에 모여 기도했던 성도들과 같은 중직자가 되어야 합니다.사도행전 1:14 당시의 중직자들은 마가다락방에 가면 이단 누명을 쓰게 되어 큰일을 겪게 될 것을 알고도 한 자리에 모였습니다. 죽을 각오로 간 것이 아닙니다. 이들은 죽음과 상관없었습니다. 계산할 것도 없었습니다. 그리스도, 하나님 나라, 오직 성령사도행전 1:1, 3, 8의 언약을 붙잡고 간 것입니다. 이 중직자들이 안디옥교회를 세웠습니다.사도행전 11:19 결국 이들이 로마를 정복했습니다. 이들이 로마서 16장에 기록된 인물들입니다. 로마서 16:1~27

개인에게 답을 주라!

중직자 여러분이 교인을 만나게 된다면, 구분하지 말고 개인에게 답을 주시기 바랍니다. 이것이 중직자가 하는 일입니다. 시대 흐름을 가지고 교인들과 개인에게 살리는 답을 줘야 합니다. 누구나 교회에 와야 합니다. 어려운 사람도, 가난한 사람도, 엘리트도 모두 와서 구원을 받아야 합니다. 교회는 하나님의 백성이 모이는 곳입니다.

중직자 여러분이 무능자를 능력자로 만들고, 그들을 살리는 심부름을 해야 합니다. 마가다락방에 모인 성도들이 이 일을 했습니다. 사도행전 2:1~13

그랬더니 병든 자가 증인으로 서게 되었습니다. 이스라엘 백성이 다 아는 성전 미문에 앉은 앉은뱅이를 일으켜 세웠습니다. 사도행전 3:1~12 그 현장에 처음으로 그리스도가 증거되었기 때문입니다. 이것이 교회입니다. 유대인들 절대로 가지 않았던 사마리아에 가서 그리스도를 증거하고 병든 자를 치유했습니다. 사도행전 8:4~8 이처럼 교회는 수준 낮은 사람이 와서 서밋 Summit 되는 곳입니다.

빌레몬의 종이었던 오네시모가 골로새교회의 감독이 되었습니다. 저는 빌레몬이라는 중직자가 대단하다고 봅니다. 빌레몬이 깨닫지 못했다면, 오네시모는 그렇게 될 수 없었습니다. 오네시모가 도둑질을 하다가 잡혀 감옥에 갔을 때, 거기서 바울을 만나 복음을 받았습니다. 바울이 제자가 된 오네시모를 위해 빌레몬에게 "오네시모는 과거에 도둑이었지만 지금은 주의 종이다."라고 편지를 쓴 것입니다. 그 편지가 빌레몬서입니다. 빌레몬서 1:1~25 그리고 시간이 지나 역사를 되돌아보니 오네시모는 골로새교회의 감독이 된 것입니다. 그러므로 중직자 여러분이 하실 일이 얼마나 중요한지, 그리고 무엇인지를 정확하게 아셔야 합니다.

이 땅은 영적 문제를 가진 사람들로 가득 찼습니다. 이들을 제자로 만드는 곳이 교회입니다. 이 일이 사도행전 13, 16, 19장에 기록되어 있습니다.

지금 더 심각한 문제는 엘리트들입니다. 그리스도, 하나님 나라, 오직 성령 사도행전 1:1, 3, 8 으로 그들의 각인, 뿌리, 체질을 반드시 바꿔줘야 됩니다. 이때 엘리트들이 시대에 쓰임 받게 됩니다. 의사 누가와 데오빌로를 보면 알 수 있습니다. 엘리트에게 "당신은 얼마나 중요한 사람인가? 당신은 그리스도가 필요한 사람이다."라는 사실이 각인되어야 합니다. "당신이 가는 곳에 흑암이 무너지는 하나님 나라가 임해야 한다."라는 사실이 뿌리내려야 됩니다. "오직 성령으로 세계를 살려야 한다."라는 사명이 그들의 체질이 되어야 됩니다. 그들은 스스로 엄청난 노력을 해서 엘리트가 되었지만, 그 영적 상태는 매우 빈곤합니다. 각인, 뿌리, 체질을 바꾸지 않으면 영적으로 죽게 되어있습니다. 이것이 중직자 여러분이 해야 할 일입니다.

교회 흐름에 중요한 답을 주라!

여러분은 이 교회 흐름에 중요한 답을 줄 중직자입니다.

성경은 이스라엘에 임했던 일곱 번의 재앙 이야기라고 할 수 있습니다. 애굽의 노예로부터 시작해서 로마 속국이 되고, 그 이후에 후대들이 전 세계에 흩어지는 재앙까지 입었습니다. 이 재앙을 막는 곳이 교회입니다. 다른 것은 중요하지 않습니다.

사탄은 정확하게 12가지 문제창세기 3, 6, 11장, 사도행전 13, 16, 19장, 불신자상태 6가지로 인간을 사로잡습니다. "네가 선악과를 먹으면 하나님처럼 될 수 있어!" 창세기 3장입니다. 이것이 뉴에이지에서 가르치고 있는 내용입니다. "그리스도를 믿지 말고 너 스스로 하나님처럼 되면 돼!" 그것이 구원이라고 가르칩니다. "교회에 가지 말고 너 스스로 부처가 될 수 있어!" 같은 이론입니다. 그 결과 창세기 6장의 네피림시대가 되었습니다. 그리고 창세기 11장의 바벨탑을 쌓습니다. 사탄은 이렇게 함정에 빠뜨리고 있습니다. 거대한 우상문화로 견고한 틀도 만들었습니다. 결국 개인이 그 틀에서 빠져 나오지 못하도록 6가지 불신자 상태라는 올무로 묶어버렸습니다. 이것이 사탄이 가져다 준 12가지 문제입니다. 언약사도행전 1:1, 3, 8을 가지고 이 문제에서 해방시켜주는 곳이 교회입니다.

제 경우를 말씀드리겠습니다. 저는 신앙생활을 하다 보니 62가지 삶이 응답으로 왔습니다. 물론 사람마다 다를 수 있습니다. 이 말은 곧 우리는 각인된 대로 응답받고 뿌리내린 대로 열매를 맺는다는 것입니다. 그리고 체질대로 살다가 죽습니다. 그래서 그리스도로 각인되고, 하나님 나라로 뿌리내리고, 오직 성령의 체질이 될 때 세계를 바꿀 수 있습니다. 이 일을 중직자가 교회에서 해야 합니다. 이것이 중직자와 교회입니다.

62가지는 제가 만들어낸 것이 아니라, 제가 그동안 받은 응답을 쭉 모은 것입니다. 평생 전도만 생각하다보니 그 응답이 머릿속에 모여지게 되었는데, 보이기 시작한 것이 불신자 상태 6가지, 성도의 축복, 전도자의 삶과 현장들입니다.

내가 안 되고 있는 근본적인 부분들에 대해 나에게 응답으로 온 것이 21가지 본질입니다.

나 자신과 현장을 보면서 인간은 사탄을 이길 수 없고, 저주와 재앙을 막을 수 없으며, 지옥 배경에서 빠져나올 수 없다는 사실을 알게 되었습니다. 그리스도 없는 인생은 실패할 수

밖에 없고, 이상한 삶을 살 수밖에 없다는 것을 현장에서 보고 이해하게 되었습니다. 그래서 하나님이 그리스도를 보내시기로 약속하시고 보내신 것입니다. 모든 부분에서 오직 그리스도가 아니면 안 된다는 것을 확인하게 되었습니다. 그리스도로 답을 내니 나머지 응답은 따라왔습니다. 쉬운 말로 "그리스도로 내 모든 문제가 완전히 끝났다!"라는 것을 알고 보는 것과 모르고 보는 것은 완전히 다르다는 것을 알게 되었습니다. 대부분의 사람이 "그리스도는 모든 문제 해결자" "그리스도로 다 끝이 났다."라는 사실을 들었는데도 불구하고 자꾸 또 다른 것을 찾기 때문에 실패합니다. 즉, "그리스도로 완전히 끝났다."라는 답을 얻는 것이 모든 응답의 시작입니다. 그러면 그 다음에 따라오는 응답이 하나님 나라가 임하는 것이었습니다. 다시 말하면 흑암의 나라는 무너지는 것입니다. 그래서 그 언약을 붙잡고 기도할 때 오직 성령 충만의 증거가 오게 되고, 증인으로 서게 된 것입니다.

오직 그리스도로 충분하고, 완전하고, 그리스도 안에 모든 것이 있다는 것을 체험하게 되었습니다. 사도행전 1:1, 3, 8 그러니 모든 삶의 시작이 오직 그리스도, 오직 하나님 나라, 오직 성령 충만이 될 때 하나님의 주신 언약이 성취되는 증거를 누리게 됩니다. 이것이 모든 것의 시작입니다.

이 세 가지 언약을 가지고 모든 것을 보니까 그 속에서 '하나님이 나에게 원하시는 것'을 알게 되었습니다. 그것이 천명입니다. 그 속에서 '지금 내가 해야 할 소명'과 '앞으로 전도자들과 함께해야 할 사명'을 보게 된 것입니다.

천명, 소명, 사명을 발견하고 나니 우리 인간은 그리스도를 모르면 당연히 실패할 수밖에 없고, 교회를 다녀도 그리스도를 누리지 못하면 마찬가지라는 것을 알게 되었습니다. 많은 사람이 "어떻게 하면 되느냐?" "무엇을 해야 하냐?"라고 묻습니다. 그러나 저는 이 사실을 알고 당연한 그리스도의 축복을 누리다 보니 필연적인 것,^{꼭 필요한 것} 절대적인 것을 보고 실천하게 되었습니다.

많은 사람은 "어떻게 해야 하는가?"라는 방법론에 초점을 맞춥니다. 그러나 성공하는 사람에게는 일심, 전심, 지속의 스타일이 있습니다. 나아가 오직 그리스도, 오직 하나님 나라,

오직 성령 충만을 누리고 있다면 다른 방법은 필요 없습니다. 유일하신 그리스도로 답을 내고 나니 오직 복음, 오직 전도, 오직 세계복음화에 일심하는 것입니다. 그러면 전심, 지속은 따라오는 것입니다. 그것이 우리의 방법입니다. 많은 사람이 실패하는 것은 일심一心이 아니라 이심,二心 삼심,三心 사심四心으로 하기 때문입니다. 오직 그리스도로 다 끝나는 것입니다.

그러면 "복음그리스도 하나면 다 된다."라는 결론이 나오게 됩니다. 그리고 '나의 현장과 일' 속에서 '나의 오직'을 체험하게 됩니다. 그것이 성경의 렘넌트Remnant 7명요셉, 모세, 사무엘, 다윗, 엘리사, 이사야, 바울의 오직입니다. 그러면 다른 사람이 할 수 없는 것을 보게 되고, 하게 되고, 그 현장에 가게 됩니다. 그것이 유일성입니다. 그러면 자연히 그 사람이 있는 현장과 사역의 흐름을 바꿀 수 있게 됩니다. 그것이 재창조입니다.

그리고 누려야 할 것이 24시 기도입니다. 기도하면서 모든 것을 하고, 모든 것을 기도로 연결합니다. 또, 시간이 날 때마다 깊은 기도 속으로 들어갑니다. 이때 하나님이 우리의 한계를 뛰어넘는 25시의 능력을 주시고 영원한 축복을 주십니다. 이것은 하나님이 하시는 일이기에 우리는 24시 기도만 하고 있으면 됩니다.

결국 하나님의 목표는 그동안 우리에게 사탄의 것으로 각인되고, 뿌리내리고, 체질된 것을 바꾸는 것입니다. 이때 하나님이 원하시고 준비하신 본질의 인생을 살게 됩니다.

21가지 본질에 대한 축복을 누리다보니 어디에 있든지, 어떤 상황에 있든지 상관없이 기도가 되어졌습니다. 그리고 특히 교회의 예배를 통해서 5가지 기도의 축복을 누리게 되었습니다. 성경의 렘넌트Remnant 7명처럼 어떤 것이든 넘어서게 되었습니다. 살아있는 나무가 물과 햇빛을 받으면 계속 자랍니다. 저는 예배 때마다 하나님의 은혜와 구원에 대한 진정한 감사를 회복하게 되었습니다. 그리고 365일 그리스도를 설명하는데 날마다 새롭게 믿음이 자라고 그 말씀 흐름의 축복을 누리게 되었습니다. 성경의 렘넌트Remnant 7명처럼 하나님이 주신 말씀을 붙잡고 24시 하나님께 집중하는 비밀을 누리게 되었습니다. 그러다보니 자연스럽게 영혼, 마음과 생각, 육신이 치유되고, 미래가 보이기 시작했습니다. 이것이 예배와 기도의 행복입니다.

이때 드디어 '내가 아는 나'가 아닌 '하나님이 만드신 나'를 찾게 되었습니다. '나의 것'을 찾는 것이 아니라, '하나님이 준비하신 나의 것'을 찾게 되었습니다. '나의 현장'이 아니라, '하나님이 예비하신 나의 현장'을 보게 된 것입니다. 유대인들의 삶위인 이야기, 탈무드·토라·쉐마 이야기, 세 절기, 안식일, 성인석, 회당, 로지을 통해서도 그 사실을 확인할 수 있었습니다. 그것이 '하나님이 나에게 주신 7가지 달란트'입니다. '하나님이 나를 세우실 때 준비하신 것, 주시는 것'이 분명히 있습니다. 그것을 찾아야 합니다.

그리고 세상을 어떻게 변화시킬 수 있겠습니까? 성경의 렘넌트Remnant 7명과 초대교회 믿음의 사람들을 보면서 깨달았습니다. 조용히 흐름을 바꾸는 것입니다. 그래서 제가 받은 응답이 중직자운동, 렘넌트Remnant운동, RUTC운동, 치유와 서밋Summit운동입니다. 이것이 한국과 세계 교회 흐름을 바꾸는 방법입니다. 그래서 9가지 포인트를 알고 동시에 보는 것입니다. 하나님이 위에서 주시는 것, 지금 하늘 아래땅에서 일어나는 것, 주위에 있는 사람, 이 세 가지가 소통이 되어야 합니다. 그리고 이 세 가지에 대한 높이, 넓이, 깊이를 보면서 과거, 현재, 미래를 가지고 자동차 운전을 하듯이 동시에 보는 것입니다. 그러면 흐름이 보이고, 흐름을 바꿀 수 있습니다.

그러면 진짜 성공이 무엇일까요? 누가 뭐라 해도 하나님이 가장 원하시는 전도, 선교에 쓰임받는 것입니다. 이 세상에는 수많은 인재가 있지만 오직 그리스도를 위해, 하나님 나라를 위해 사는 인재는 적습니다. 그러나 하나님이 진짜 원하시는 인재는 그리스도를 알고 세계를 살리는 인재입니다. 하나님은 이런 사람을 필요로 하십니다. 오직 그리스도라는 유일성의 답을 전달하는 것이 다락방입니다. 이 유일성의 답을 가지고 포럼하고 나누는 것이 팀 사역입니다. 이것을 삶으로 옮겨가서 삶에서 누리도록 하는 것이 미션홈입니다. 이것을 직장산업 현장에서 가져가서 누리고 전달하는 것이 전문교회입니다. 이것을 가지고 문화를 바꾸고 흐름을 바꾸는 것이 지교회입니다. 이 5가지 기초를 제대로 하기 위해서 하나님이 함께하시는 축복With를 누리는 것입니다. 그것이 5가지 합숙훈련입니다. 모든 현장이 흑암으로 덮여 있기에 모든 현장에 복음운동할 시스템을 세우는 것입니다. 그리고 이 유일성의 복음운동을 지속해야 하기 때문에 5가지 시스템을 준비하는 것입니다. 그리고 더 중요한 것은 살리고 대비해야 할 미래가 있기 때문에 렘넌트Remnant를 키우고, 5가지 미래를 준비하는 것입니다. 성경을 통해서 이것을 보고 지금까지 현장에서 확인하고 응답받은 것이 전도자의 삶 62가지입니다.

지금 말씀드리는 결론을 들으며, 앞서 말씀드린 내용들을 자세히 보셔야 합니다. 예배를 드리러 오실 때마다 아주 짧은 시간에 응답을 받는 방법이 있습니다. 내일 기도하는 것이 아니라, 지금 간절히 기도하는 것입니다. 질병에 걸리고, 실패가 오고, 사고가 나면 분명 간절히 기도할 것입니다. 그것도 참 다행이지만 그런 질병, 실패, 사고가 오기 전에 기도해야 합니다. 그것이 예배 때 기도하는 것입니다. "하나님, 나에게 은혜를 주옵소서! 한국과 전 세계의 모든 교회를 혼란시키는 흑암 세력이 지금 결박되게 하옵소서! 하나님, 나에게 정말 은혜를 주시옵소서!"라고 기도해야 합니다. 그리고 현장에 가서 포럼이 되어야 합니다. 지금부터 시작하면 됩니다. 무엇을 포럼해야 할까요?

많은 성도가 지금 어려움을 당하고 있습니다. 많은 성도가 지금 병들어 있습니다. 중직자가 이 부분을 도와야 됩니다. 그뿐 아니라 많은 성도가 자기도 모르게 와있는 영적 문제 가운데 살아가고 있습니다. 그래서 여러분이 증인으로 가셔야 됩니다. 초대교회 성도들도 모두 중요한 증인이었습니다. 한 분도 빠지지 말고 오늘부터 집중하시기 바랍니다. 그동안 우리는 잘못된 각인, 뿌리, 체질로 인해 병들어 있기 때문에, 하나님의 언약을 향해 완전히 집중하는 시간을 가져야 합니다. 사도행전 1장 3절에서는 40일 동안 감람산에서 집중을 했고, 그 집중의 흐름은 감람산에서 마가다락방사도행전 1:14로 옮겨졌습니다. 이렇게 집중하자, 하나님의 놀라운 역사가 일어났습니다. 가서 이것을 하면 됩니다. 이 속에 응답이 모두 들어있습니다. 여기서 이 사람들이 안디옥교회를 세웠습니다.사도행전 11:19 되어질 수밖에 없었습니다. 집중을 했던 그 사람들이 간 현장이 사도행전 13장 1절입니다. 하나님이 여시는 선교 문이었습니다. 사도행전 16장 6~10절을 보면 마게도냐로, 사도행전 19장 21절을 보면 로마로 가야 한다고 고백했습니다. 이렇게 과정을 보고 인도 받으며 집중하면 됩니다.

중직자 여러분이 교회에 돌아가서 전 교인을 살려야 합니다. 아주 무능한 교인은 물론, 조금은 모자라거나 아주 훌륭한 교인도 살려야 합니다. 이것이 초대교회 중직자가 교회에서 한 일입니다. 그리고 예배 가운데 중요한 말씀과 언약을 붙잡고 간절한 마음으로 기도할 때 하나님이 역사하십니다.

여러분! 세계 교회가 하나님의 영광을 가리지 않도록, 그리고 여러분 때문에 한국 교회가 살아나도록 기도하셔야 됩니다. 그 짧은 기도에 하나님은 반드시 응답하실 것입니다. 여러분이 드리는 짧은 기도에 하나님은 역사하실 것입니다.

하나님, 이 시대 중직자가 모였습니다. 하나님의 중요한 음성을 듣는 시간이 되게 하옵소서. 그래서 실제로 임한 교회의 위기를 막는 시간표가 되게 하옵소서. 중직자를 통해 교회가 살아나게 하옵소서. 미래가 살아나게 하옵소서. 그래서 문을 닫은 유럽 교회, 미국 교회가 회복되게 역사해주옵소서. 북한을 살릴 수 있도록 축복해주옵소서. 무슬림의 위기를 막을 수 있도록 능력을 회복하게 하옵소서. 예수 그리스도 이름으로 기도합니다. 아멘

중직자와 교회
사도행전 11:19

1. 하나님이 원하시는 중직자와 교회
1) 초대교회 중직자들은 구원받은 모든 성도에게
   하나님의 계획이 있다는 사실을 알았음
2) 만남 가운데 모든 성도에게 하나님의 원하시는
   답을 전함
3) 모든 성도를 살리는 답을 전함

2. 시대 흐름을 타고 사람을 살려라!
1) 출애굽기 3:16~18
2) 여호수아 3:1~5
3) 민수기 14:1~10
4) 열왕기상 18:1~13
5) 다니엘 3:8~24, 6:10~22
6) 사도행전 1:14, 11:19
7) 로마서 16:1~27

3. 개인의 답을 주라!

　1) 사도행전 2:1~13

　2) 사도행전 3:1~121, 8:4~8

　3) 빌레몬서 1:1~25

　4) 영적 문제사도행전 13, 16, 19장 → 제자

　5) 엘리트 → 그리스도, 하나님 나라, 오직 성령으로

　　각인, 뿌리, 체질사도행전 1:1, 3, 8

4. 교회 흐름에 중요한 답을 주라!

　1) 7번의 재앙을 막는 곳이 교회

　2) 12가지 문제를 막는 곳이 교회

　3) 62가지로 각인,그리스도 뿌리,하나님 나라 체질오직 성령

5. 포럼

　1) 병, 영적 문제

　2) 증인

　3) 집중 - 사도행전 1:3, 14, 11:19, 13:1, 16:6~10, 19:21

"사랑하는 자여 네 영혼이 잘됨 같이
네가 범사에 잘되고 강건하기를 내가 간구하노라" 요한삼서 1:2

중직자의
미션

2. 중직자와 세상

답을 주는 중직자

고통 중에 가장 큰 고통, 재앙 중에 가장 큰 재앙이 무엇일까요? 교회가 시험 들어 분쟁하는 것입니다. 그런데 이런 일이 너무 많다는 데 문제가 있습니다. 그러므로 가장 먼저 시대마다 사라져가는 복음을 회복해야 합니다. 세상이 좋다고 하는 많은 것 때문에 복음이 사라져가고 있는데 대부분 이 사실을 모르고 있습니다. 그때마다 중직자들이 일어났습니다. 세상은 발전했다고 하지만 정작 개인 문제의 답을 주지 못하고, 개인을 살리지 못합니다. 개인에게 답을 주지 못하면 점쟁이보다도 못한 것이나 마찬가지입니다. 그래서 시대마다 그 답을 준 사람들이 중직자였습니다. 특히 그들은 전도자들이 마음껏 움직일 수 있도록 답을 주었습니다. 그러므로 교회가 재앙과 사탄이 가져다 준 12가지 문제를 막아야 합니다.

그렇다면 중직자는 세상에서 어떻게 해야 할까요? 로마서 16장 23절을 보면 뛰어난 유대인들이 가이오 한 명을 감당하지 못했습니다. 엄청난 세력의 바리새인이 가이오를 넘어서지 못했습니다. 더 놀라운 사실은 로마 역시 가이오를 넘어서지 못했다는 점입니다.

이유가 뭘까요? 가이오는 답을 가지고 있었기 때문입니다. 하나님은 세상이 줄 수 없는 답을 중직자를 통해서 세상에 주십니다. 여러분이 사람을 만나면 가장 중요하게 기도해야 될 내용이 있습니다. 급할 필요는 없습니다. "하나님이 정말 저 사람에게 주신 답이 무엇인가?"를 찾아내야 합니다. 그 예를 들어보겠습니다.

성경의 렘넌트Remnant 7명요셉, 모세, 사무엘, 다윗, 엘리사, 이사야, 바울은 만나는 사람에게 답을 주었습니다. 그러니 상대방은 다른 할 말이 없었습니다. 요셉이 바로 왕에게 답을 주었기 때문에, 바로 왕은 할 말이 없었습니다. 다윗은 골리앗이 나타났을 때 답을 주셨습니다.

이스라엘이 바벨론의 포로일 때의 다니엘입니다. 다니엘은 세 명의 왕을 모신 총리였습니다. 사실 이것은 상식적으로 있을 수 없는 일입니다. 그런데 다니엘은 느부갓네살 왕, 벨사살 왕, 다리오 왕에게 답을 주었습니다. 바벨론은 총리가 여러 명일 만큼 큰 나라였습니다. 왕은 다니엘을 총리장으로 세웠습니다. 총리 중에 리더가 된 것입니다.

아시다시피 로마서 16장의 초대교회 인물들도 답을 준 사람들입니다. 그중 사도 요한과 바울을 도왔던 가이오는 예수님 당시 때 제자가 확실합니다. 그렇다면 가이오는 어떤 답을 가지고 있었을까요? 이것을 아는 것이 매우 중요합니다.

언약의 여정 속에 있었던 사람 - 영적 서밋

가이오는 언약의 여정 속에 있었던 사람이었습니다. 이것을 영적 서밋Summit이라고 합니다. 영적 서밋은 언약의 여정 속에 있을 때에만 될 수 있습니다. 돈을 벌어서 세상에서 성공했다고 하더라도, 언약의 여정 속에 있지 않다면 그 사람은 사실 실패자입니다. 왜 많은 사람이 전 재산, 집을 팔아서 교회에 헌금을 할까요? 생애 한 번밖에 없는 언약의 여정 속으로 들어

갔기 때문입니다. 왜 어떤 사람은 복음 때문에 죽음도 아끼지 않을까요? 주기철 목사님은 신앙을 지키면 죽으리라는 사실을 알았습니다. 그런데도 일제가 강요하는 우상 앞에 무릎 꿇지 않았습니다. 단 하나뿐인 생명을 그때 쓰겠다는 것입니다. 이 믿음이 한국 교회를 살렸습니다. 마찬가지로 가이오는 언약의 여정 속에 있었던 사람이 확실합니다. 여러분도 이미 여정 속에 들어와 있습니다. 이제는 발견하기만 하면 됩니다. 어떤 언약의 여정일까요?

노예로 애굽에 간 요셉이 애굽 총리가 되었습니다. 요셉이 총리를 목적으로 한 것은 아닙니다. 언약의 여정 속에 있으니 하나님이 세우신 것입니다. 하나님이 일하시는 역사 속에 있는 것이 가장 안전하고 행복합니다. 이 속에 요셉이 있었습니다. 여러분 역시 언약의 여정 속에 있다면 망할 수 없습니다.

하나님이 호렙산에서 출애굽 언약을 주셨습니다. 90%의 사람이 안 된다고 했습니다. 그러나 출애굽은 하나님의 계획이었기 때문에 모두 틀린 말이었습니다. 여기에 모세라는 인물과 이드로라는 중직자가 있었습니다.

이스라엘 백성이 언약을 놓쳤습니다. 그래서 하나님이 목동이었던 다윗을 왕으로 세우셨습니다. 다윗을 키운 사람이 사무엘입니다. 이것은 단순히 "노력해서 성공했다."라고 표현할 수 없습니다. "우리가 과연 하나님의 언약의 여정 속에 있는가?"를 확인하는 것이 중요합니다. 저는 무조건 열심히 하는 사람을 싫어합니다. 하나님도 싫어하실 것입니다. 하나님이 원하시는 것을 해야 하기 때문입니다. 이것이 좋은 학벌을 가진 대부분의 사람에게 영적 문제가 오는 이유입니다. 하나님 없이, 하나님을 의식하지 않고 열심으로 뛰었기 때문입니다. 그들이 말을 하지 않아서 그렇지, 영적 문제는 올 수밖에 없습니다. "우리는 하나님 안 믿어도 돼!"라고 말하는 사람에게는 반드시 문제가 옵니다. 그 문제는 하나님만 해결하실 수 있습니다. 그러므로 여러분 스스로가 누구인지를 알아야 합니다. 여러분은 언약의 여정 속에 있는 사람들입니다.

하나님은 농부였던 사람엘리사을 부르시고 도단성운동을 일으키셨습니다. 이것은 굉장한 여정이었습니다, 이스라엘이 포로시대를 만났는데, 바벨론에 포로로 끌려간 사람 다니엘이 총리장이 되었습니다. 그래서 하나님은 어떤 일을 하셨을까요? 예수 그리스도를 보내시고 공생애에서 갈보리산 사건까지 정리하셨습니다. 갈보리산에서 승리하신 주께서 감람산으로 제자들을 부르시고 하나님 나라의 일을 말씀하셨습니다. 이것은 성경에서 매우 중요한 여정입니다. 감람산에 있던 제자들이 마가다락방에 모였습니다. 바리새인들이 이 모임을 막으려고 아무리 애를 써도, 결코 막을 수 없었습니다. 이것이 하나님이 보시기에 가장 중요한 여정이었기 때문입니다. 이 여정 속에 중직자들이 있었다는 사실을 알아야 합니다. 마가다락방에서 세워진 중직자들이 흩어져 이방 지역인 안디옥으로 갔습니다. 그 주역이 모두 중직자였습니다.

지구 역사상 처음 있는 일이었습니다. 하나님의 언약 가운데 처음으로 안디옥에서 아시아로 선교사를 파송한 것입니다. 사도행전 13장 요즘 우리가 말하는 선교와는 다릅니다. 이것은 놀라운 언약의 여정이었습니다. 제가 후배에게 심하게 화를

낸 적이 있습니다. 제가 보기에 하는 것마다 실패하는 이상한 친구가 선교사로 나간다는 것입니다. 그래서 저는 "선교지가 쓰레기통인가?""라고 했습니다. 선교를 우습게 알고 있는 듯했습니다. 선교지에 간 그는 결국 선교에도 실패하고, 개인의 삶도 무너졌습니다. 지금은 어디 있는지도 알 수 없습니다.

바울팀은 비두니아를 비롯해서 드로아까지 여섯 군데를 갔습니다. 그런데 하나님이 아시아에서 모든 전도문을 막으셨습니다. 우리가 이런 상황 가운데 있다면, 아마 그 자리에서 낙심하거나 새로운 도전을 시도할 것입니다. 하지만 이것은 모두 틀렸습니다. 여기에 하나님의 가장 큰 비밀과 축복이 있었습니다. "마게도냐로." 이것이 하나님의 계획이자 여정이었습니다. 마게도냐는 한때 알렉산더가 정복했던 지역입니다. 그리고 로마의 정복이 시작되어 제우스 신상이 세워지고 있었습니다. 하나님은 영적 근원을 바꾸기 위한 계획을 하고 계셨습니다.

"마게도냐에서 로마로." 많은 학자는 바울의 원래 목표지가 스페인이었다고 말합니다. 그런데 왜 바울은 로마라고 했을까요? 스페인 출신의 중요 인물이 로마에 다 모여 있었기 때문입

니다. 또, 당시 모든 길이 로마를 향했습니다. 그래서 로마복음
화를 이룬 것입니다. 위기가 와도 괜찮았습니다. 하나님이 "바
울아 두려워하지 말라 네가 가이사 앞에 서야 하겠고"^{사도행전}
^{27:24}라고 말씀하셨기 때문입니다. 그런데 더 중요한 역할을 한
사람들이 있습니다. 바로 중직자들입니다. 로마서 16장만 봐
도 알 수 있습니다. 로마복음화는 그들에게 교만의 이유가 되
지 않았습니다. 너무나 큰 은혜를 받은 그들에게는 감사의 이
유가 되었습니다.

영국에 어느 신학자는 "바울이 감옥에 갇힌 것은 감옥에 갇
힌 것이 아니다. 감옥이 바울에게 잡힌 것이다."라고 말했습니
다. 또, 다른 신학자는 "바울이 감옥에 있는 것은 가장 큰 특혜
를 누리고 있는 것이다."라고 했습니다. 이것을 영적 서밋이라
고 합니다.

기도의 여정 속에 있었던 사람 - 기능 서밋

언약의 여정 속에 있는 축복을 받으면 반드시 응답이 오게

됩니다. 다시 말해서 기도의 여정 속에 있게 됩니다. 사도 요한은 "사랑하는 자여 네 영혼이 잘됨 같이 범사에 잘되고 강건하기를 내가 간구하노라"요한삼서 1:2라고 말했습니다. 이것이 기능 서밋입니다. 언약의 여정 속에 있는 이 축복은 놀라운 응답으로 옵니다. 이것이 기도의 여정입니다.

영혼이 잘 되는 것이 영적 최고의 힘입니다. 영혼이 잘 되어야 범사가 잘 되고, 범사에 잘 되어야 강건함을 얻습니다. 이것이 굉장한 기능 서밋입니다. 그래서 여러분이 받아야 될 것은 그냥 힘이 아닙니다. 영적 최고의 힘입니다.

여러분이 받을 기능은 그냥 기능이 아닙니다. 하나님은 여러분에게 세계 선교를 하도록 기능을 주셨습니다. 그것이 범사에 잘 되는 기능입니다.

그냥 강건함이 아닙니다. 하나님이 여러분을 통하여 모든 사람을 치유하도록 준비하신 것입니다. 육신의 병 이외에도 여러 문제, 영적 문제가 많습니다. 그런 문제를 겪는 사람들을 치유할 수 있도록 하나님이 여러분들을 세우셨습니다. 이 인물이 가이오입니다.

전도의 여정 속에 있었던 사람 - 문화 서밋

가이오와 바울은 기도의 여정 속에만 있었던 것이 아닙니다. 그들은 전도의 여정 속에도 함께 있었습니다._{로마서 16:23} 이것을 문화 서밋이라고 합니다. 이 축복을 가이오와 중직자들이 누렸습니다. 얼마나 응답을 받았을까요?

가이오와 중직자들은 바울이 마음껏 세계복음화를 하도록 도왔습니다. 바울만이 아닙니다. 바울이 기록하기를 그들은 모든 전도자를 도왔습니다. 모든 전도자를 밀어줄 만큼 응답을 받은 것입니다. 이보다 더 큰 축복이 어디 있습니까? 이것은 돈이 있다고 할 수 있는 일이 아닙니다. 돈이 있는 사람은 오히려 돈이 아까워서 돕지 않습니다.

로마서 16장 23절을 보면, 가이오가 바울과 모든 전도자를 돕고 후원하는 경제팀도 구성한 사실을 알 수 있습니다. 이들은 무슨 역할을 했을까요? 교회를 살리는 비밀결사대, 렘넌트를 키우는 선교사,Remnant Ministry 전 세계 교회를 세우는 홀리메이슨Holy Mason의 역할입니다.

하나님이 우리에게 주시는 축복 가운데 가장 큰 것은 무엇입니까? 하나님이 원하실 때 할 수 있는 것입니다. 그것이 가장 큰 축복입니다. 하나님이 원하시는데 우리가 못 한다는 것이야말로 가장 비참한 일입니다. 가장 큰 축복은 하나님이 '나'를 필요로 하실 때 내가 헌신하는 것입니다. 중직자 여러분이 이 응답을 남기고 가야 합니다. 더 중요한 것은 후대 앞에서, 역사 앞에서 증거를 남기는 일입니다. 여러분이 남기는 신앙의 발자취와 응답은 후대에게 전달될 것입니다. 꼭 기억하셔야 합니다.

비전, 권능, 은혜

하나님은 분명히 우리를 향한 언약을 갖고 계십니다. 이 언약이 우리의 비전이 되는 것이 참된 성공입니다. 하나님이 주신 언약이 '나'의 비전이 되어야 합니다. 자칫 잘못하면 평생 사탄의 심부름만 계속 하다가 세상을 떠나게 됩니다.

부산 영도에서 교회를 시작할 때, 사업을 하시는 어떤 분이 새로운 사업을 시작하면서 저에게 말했습니다. "목사님, 제가 앞으로 돈을 벌면 교회에 헌신하겠습니다."라고 말입니다. 그래서 저는 "돈을 벌어서 헌신하지 말고 지금 하라."라고 답했습니다. 그런데 지금까지도 그분은 한 번도 헌신을 한 적이 없습니다. 사업을 벌리고, 또 벌리다가 나중에는 두 손 두 발을 다 들어버렸습니다. 모든 재산을 사탄에게 바친 꼴이 되었습니다. 우리 주변에는 이런 사람이 너무 많습니다. 왜일까요? 하나님이 주신 언약이 '나'의 비전이 아니기 때문입니다. 우리가 도대체 왜 평생 사탄의 심부름만 하다가 천국에 가야겠습니까? 성공을 했든, 안했든 결국에는 전부 사탄의 심부름을 하다가 간다는 말입니다. 그래서 저는 렘넌트Remnant들에게 이야기해줍니다. "네가 앞으로 성공을 하거나 큰 돈을 벌거든 교회에 헌금해라."

많은 사람이 "사회에 환원하겠다."라고 말합니다. 그러나 사실 그것은 정치인들이 나라를 올바르게 다스린다면, 바로 되어지는 일입니다. 그러나 교회는 아닙니다. 교회는 하나님이 세우시고, 하나님의 사람들이 모이는 곳이기 때문에 다른 방법이 없습니다. 하나님의 사람이 헌금을 해야 합니다.

이것을 할 수 있는 비전을 가지는 것은 매우 쉬운 일입니다. 힘이 있으면 됩니다. 그런데 우리는 또 속습니다. 이 힘은 어떤 힘을 말합니까? 하나님이 주시는 힘입니다. 위에서 내리는 힘, 권능Authority을 말합니다. 이 힘으로만 언약을 이룰 수 있습니다. 그런 의미에서 여러분이 이 자리에 앉아 계신다는 것은 이 축복을 받은 것을 뜻합니다.

많은 사람이 교회와 중직자에 관하여 이런 저런 말을 합니다. 제가 보기에는 너무나 좋은 중직자, 장로님이 많이 계십니다. 그래서 저는 늘 하나님께 감사합니다. 다른 교회에서는 서로 싸운다고 난리입니다. 복음에는 아무런 관심이 없습니다. 이 복음에 관심을 가지고, 전도를 하겠다고 모인 중직자가 있다는 자체가 축복입니다.

그래서 힘이 있어야 합니다. 이 힘은 단순한 힘이 아닙니다. 하나님이 위에서 내리는 힘을 말합니다.

우리의 헌신은 세상 사람이 하는 헌신과 다릅니다. 하나님께 은혜로 받은 것으로 헌신하는 것입니다. '하나님이 만드신 나', '하나님이 주신 나의 것', '하나님이 주신 나의 현장'이어야 하기 때문입니다. 모든 것이 은혜입니다. 그러니 감사할 수밖에 없습니다.

요셉의 고백을 보시기 바랍니다. "네가 어떻게 이런 일을 할 수 있었느냐?" "여호와께서 나와 함께 하심으로…." 이것이 맞습니다. 요셉은 바른 대답을 했습니다. 다윗은 성전을 짓기 위한 준비를 모두 마치고 이렇게 말했습니다. "하나님께 너무 감사하다. 이렇게 우리가 준비할 수 있었던 게 모두 하나님의 은혜다. 하나님이 우리에게 주신 것으로 드렸을 뿐이다." 참으로 대단한 고백입니다. 이것이 맞습니다.

중직자는 꼭 기억해야 합니다. 언약을 비전으로 삼아야 합니다. 여러분이 말씀을 붙잡고 계속 기도할 때 언약이 비전이 될 것입니다. 언약의 여정을 보시기 바랍니다. 하나님이 응답하시는 여정을 보시기 바랍니다. 그리고 하나님이 여러분을 통해 이루신 중요한 전도의 여정들을 보시기 바랍니다. 비전을 갖기 위해서는 힘이 있어야 합니다. 이 힘은 단순한 힘이 아닙니다. 하나님이 위에서 내리는 힘, 권능입니다. 우리가 하는 헌신은 하나님의 은혜입니다. 그래서 감사할 수밖에 없습니다. 사실 바울은 스스로 많은 일을 했다고 고백할 만도 합니다. 그러나 그는 아무것도 이룬 것이 없다고 했습니다. 그 이유를 이렇게 설명했습니다. "그리스도의 손에 잡힌 바 된 그것을 잡으러 가기 때문이다. 그리고 위에 부르신 그 소망, 상급 그것을 보고 달려가기 때문이다." 참으로 대단한 고백입니다. 저는 "중직자 여러분이 응답을 받을 것이다."라고 말하는 것이 아닙니다. 반드시 응답을 받게 되어 있습니다. 이 언약 속에만 있으면 됩니다.

참고로 기억하시기 바랍니다. 세상에 나갔을 때 많은 사람이 경쟁에서 승리하기 위해 온갖 노력을 다합니다. 이것이 여러분 역시 힘들게 만들 것입니다. 그러나 착각하지 마시기 바랍니다. 세상 사람의 소리는 너무 힘들어서 내는 신음소리라는 것을 알아야 합니다. 많은 사람이 많은 문제를 만들어내고 있습니다. 속지 마시기 바랍니다. 영적으로 연약하기 때문입니다. 재력은 갖추고 있을지 몰라도 영적으로는 아무 힘이 없습니다. 실제 교회들이 이런 저런 말을 하지만, 그것은 복음을 갖고 있지 않기 때문입니다. 사탄은 복음을 가지고 있지 않으면 언제든지 공격합니다. 그리스도의 언약이 없으면 언제든지 공격합니다. 여러분이 이 사실을 알면 가는 곳마다, 사건마다 하나님의 계획이 보입니다. 여러분은 이 일의 증인입니다. 이번에 반드시 하나님이 원하시는 축복, 근본적 축복을 받으시기를 예수 그리스도 이름으로 축복합니다.

하나님, 언약 속에 있음을 감사드립니다. 이제 언약의 여정 속에 있게 하옵소서. 기도의 여정 속에 있게 하옵소서. 전도의 여정 속에 있게 하옵소서. 그래서 세상에 답을 줄 수 있는 능력자로 서게 하옵소서. 예수 그리스도 이름으로 기도합니다. 아멘

중직자와 세상

요한삼서 1:2

1. 답을 주는 중직자

1) 성경의 렘넌트Remnant 7명요셉, 모세, 사무엘, 다윗, 엘리사, 이사야, 바울

2) 바벨론에서의 다니엘

3) 로마서 16장

2. 언약의 여정 속에 있었던 사람 - 영적 서밋Summit

1) 노예 - 총리

2) 호렙산 - 출애굽

3) 목동 - 왕

4) 농부 - 도단성

5) 포로 - 총리장

6) 공생애 - 갈보리산

7) 갈보리산 - 감람산

8) 감람산 - 마가다락방

9) 마가다락방 - 안디옥

10) 안디옥 - 아시아

11) 아시아^{드로아} - 마게도냐

12) 마게도냐 - 로마

3. 기도의 여정 속에 있었던 사람 - 기능 서밋

1) "영혼" - 영적 최고의 힘

2) "범사" - 세계 선교

3) "강건" - 모든 사람 치유

4. 전도의 여정 속에 있었던 사람 - 문화 서밋

1) 바울

2) 모든 전도자

3) 경제팀 - 비밀결사대, 렘넌트 키우는 선교사, Remnant Ministry 홀리메이슨 Holy Mason

5. 비전, 권능, 은혜

1) 언약 - 비전

2) 힘 - 권능 Authority

3) 헌신 - 은혜 감사

"평강의 하나님께서 속히 사탄을
너희 발 아래에서 상하게 하시리라
우리 주 예수의 은혜가 너희에게 있을지어다"로마서 16:20

중직자의
미션

3. 중직자와 직업산업

전도와 선교를 위한 빛의 경제

많은 사람이 업사업, 직업의 현장을 전쟁터라고 표현합니다. 업에 생을 걸어야만 하는 상황도 있습니다. 실제로 현장에는 너무나 힘든 일이 많습니다. 그러다보니 가끔 현장에 있는 분들을 이해할 수 없는 상황을 만나기도 합니다. 심지어 어떤 사람은 "여자들이 우리가 하는 일을 알겠느냐?" "지금 현장에 있는 산업인들이 얼마나 고생 하는지 목사님들이 알겠느냐?" 라고도 말합니다. 맞는 말이지만 사실 저는 그렇게 생각하지 않습니다. 전도와 선교를 위한 산업은 따로 있습니다. 그것을 빛의 경제라고 합니다. 이 부분을 놓치면 안 됩니다. 안 그러면 왜 어려움을 겪는지도 모르고, 상황은 계속 어려워집니다.

모세는 나름대로 성공한 사람이었습니다. 그는 애굽 공주의 아들이라는 특별한 신분의 소유자였습니다. 왕궁에서 살았던 40년 동안, 성공하기 위해 노력도 했습니다. 기록에 의하면 헤스페리오라는 제국대학에서 공부하면서 많은 학문을 닦았다고 합니다. 그 대학은 왕궁 안에 있는 대학이기에 특별한 사람만 공부를 할 수 있었습니다. 거기서 모세는 천문학을 비롯하여 병법兵法까지 공부했다고 합니다. 그러나 실제로 그것은 모세에게 중요한 답이 되지 못했습니다.

어느 날, 모세는 알게 되었습니다. "모세야, 이제 네가 장로들에게 말하고 같이 가서 바로 왕에게 가서 얘기해라. 피 제사 드리러 가겠다고 얘기해라." 다행히도 모세가 이 말을 이해한 것입니다. 출애굽기 3:18 그날로부터 모세는 이 일에 평생을 걸게 됩니다. 그때부터 빛의 경제가 나오기 시작했습니다.

꼭 기억하셔야 합니다. 그렇지 않으면 평생 불신자의 심부름만 하다가 천국에 가게 됩니다. 여러분이 많은 것을 가졌다고 하더라도 결국 그것을 다 놓치게 됩니다. 세상에서 성공했더라도 그렇습니다.

한 명 더 예를 들자면 바울이 있습니다. 바울은 사실 매우 대단한 인물입니다. 그는 로마에서 시민권을 가져다 줄 정도로 권세 있는 집안에서 태어났습니다. 최고 학자인 가말리엘 아래에서 훈련 받은 제자였으며, 3대 문학 도시 중 하나인 길리기아 다소 출신이었습니다. 또, 유대인 가운데 최고의 계급인 바리새파에 속해 있었습니다. 요즘의 국회의원이라고 볼 수 있는 유대인의 지도자, 산헤드린 공회의 회원이었습니다. 그런데 바울에게 이 모든 배경은 답이 되지 않았습니다. 나중에 그가 복음을 깨달은 후에 얼마나 충격을 받았는지, 그는 이 모든 것이 배설물이라고 말했습니다. 그리고 "나는 이 복음을 부끄러워하지 아니한다. 이 복음은 믿는 자에게 구원 주시는 하나님의 능력이 됨이니라. 오직 의인은 믿음으로 말미암아 살리라."라고 고백했습니다. 로마서 1:16~17

이들이 가졌던 유일한 답이 바로 그리스도입니다. 로마서 16장 20절의 사탄을 꺾을 수 있는 길은 그리스도 밖에 없기 때문입니다. 여기에 모세가 올인All-in한 것입니다. 그러니 이때부터 빛의 경제가 나타나기 시작했습니다. 바울은 사실 먹고 살아가는 데 아무런 문제가 없었습니다. 그러나 이 부분에 모든 것을 걸고 나니, 세계선교를 할 만한 경제가 생겨났습니다. 여러분, 지금도 비행기를 타고 전 세계를 다닌다는 건 쉬운 일이 아닙니다. 그때는 비행기가 없었습니다. 그런데 바울은 전 세계를 움직였습니다. 하나님이 바울에게 엄청난 경제를 쏟아 부어 주신 것입니다. 여러분이 아시다시피 역사상 가장 많은 경제를 장악하고 움직이다가 죽은 정치인이 줄리우스 시저Julius Caesar, B.C. 100~44입니다. 그런데 그 역시도 바울과는 비교가 되지 않았습니다.

그리스도를 알고 전도와 선교에 생을 걸었다는 말입니다. 많은 사람이 '생生을 건다.'라는 말을 '많은 것을 갖다 바친다.'라고 착각합니다. 사실 모세 역시 처음에는 그렇게 생각했습니다. "아니, 나는 못 갑니다. 지금 나는 그럴만한 사람이 아닙니다." 모세는 바로 왕 앞에 가면 잡혀 죽을 수밖에 없는 상황이었습니다. 스스로 죽기 위해서 가는 것과 똑같았습니다. 그래서 그는 갈 수 없다고 했습니다. 그때 모세는 자신의 목숨을 걸고 매우 대단한 일을 해야 된다고만 생각한 것입니다. 그런데 그것은 오해이고 착각이었습니다. 바울은 나중에 이것이 하나님의 은혜라고 고백했습니다.

마침내 이 답을 가진 모세와 바울은 사탄의 발 아래 상하게 하기 위해로마서 16:20</sub> 보게 된 것이 있습니다. 천명, 소명, 사명입니다. 그것을 말하는 것입니다. 사탄을 이길 수 있는 길은 당연히, 필연적으로, 절대적으로 그리스도 밖에 없습니다. 그래서 간단한 것입니다. 일심, 전심, 지속하게 되었습니다. 그것에 생을 건 것입니다. 그러니 오직, 유일성, 재창조의 응답이 온 것입니다. 24시, 25시, 영원의 응답 속으로 들어간 것입니다. 이렇게 하고 나니까 기적이 일어나기 시작했습니다. 그것이 기도의 비밀입니다.

모세에게 기적이 일어나기 시작했습니다. 쓸모없는 노인에게 역사가 일어나기 시작했습니다. 하나님이 바울에게는 모든 인재를 붙이기 시작하셨습니다. 여러분, 사람을 누군가에게 붙이는 것은 하나님이 하시는 일이지 않습니까? 이때부터 비로소 감사가 나오기 시작했습니다. 자신이 누구인지, 자신의 것이 무엇인지, 자신의 현장이 어디인지 보게 되었습니다. 이때부터 세상 흐름을 완전히 바꾸는 비밀을 보게 되었습니다. 증인으로 서게 된 것입니다. 그것을 전도자의 삶 62가지라고 합니다.

21가지는 성공자의 삶을 이야기합니다. "성공할 것인가? 아닌가?"의 기준은 간단합니다. 성공을 하지 못하는 사람은 매우 복잡합니다. 진짜로 성공한 사람을 보면 단순합니다. 오직, 유일성, 재창조가 성공자의 자세입니다. 어떤 사람은 마음이 매우 복잡합니다. 성공할 사람은 다릅니다. 일심, 전심, 지속입니다. 무언가를 몰라서 말을 안 하는 게 아닙니다. 알고 있지만 안 하는 것입니다. 어떤 사람을 볼 때 그 순간만 보지 않습니다. 평생을 보는 것입니다. 그리고 영원이라는 시간표를 보는 것입니다. 그러므로 21가지는 성공자의 자세인데 중요한 것은 "그 중심에 그리스도가 있는가? 아니면 사탄이 있는가?"입니다. 많은 기독교인이 엉뚱한 일을 하고 있을 때, 3단체뉴에이지, 프리메이슨, 유대인 조직는 사탄의 심부름을 본격적으로 하고 있었습니다. 지금도 일심, 전심, 지속으로 하고 있습니다. 사탄의 심부름을 오직, 유일성, 재창조하고 있습니다. 그런데 사실 우리는 일심一心 하고 있지 않습니다. 이심,二心 삼심,三心 심지어는 오심五心하고 있습니다. 전심이 안 됩니다. 눈치를 보면서 합니다. 그러면 얼마나 손해입니까?

모세가 이 21가지 삶을 하나님께 드리고 나니 기적이 일어 났습니다. 가장 먼저 일어난 것이 무엇입니까? 애굽 백성이 가장 중요하게 생각하는 흑암문화가 무너지기 시작한 것입니다. 그중 첫 번째로 굉장한 역사가 있었습니다. 애굽 백성이 최고로 생각하는 나일강을 피로 물들여버린 것입니다. 그러니 어떻게 되겠습니까? 이런 기적부터 나타나기 시작했습니다. 모세가 가진 것은 아무것도 없는데 지팡이 하나에 모든 능력이 다 나타났습니다.

바울을 보시기 바랍니다. 그 시대에는 주종관계가 가장 큰 문화였습니다. 종들은 주인 앞에서 고개를 들고 이야기할 수 없었습니다. 방에 들어와서 보고를 할 수도 없었습니다. 바깥에서 무릎을 꿇고 보고해야만 했습니다. 이것이 노예의 삶입니다. 이걸 무너뜨린 첫 번째 사람이 바울입니다. 그 증거가 빌레몬과 오네시모입니다. 빌레몬은 매우 능력 있는 산업인이었습니다. 그런 그가 바울이 전한 복음을 듣고 너무 좋아서 교회를 가게 되었습니다. 그런데 거기에 자기 아래에서 일하는 노예가 중직자로 와 있는 것입니다. 진짜 복음 깨달은 사람만이 그 노예를 보고 "형제여!"라고 부를 수 있었을 것입니다. 그래서 바울은 "종들아, 주인에게 하는 것을 주께 하듯 하라. 상전들아, 종에게 무례하게 하지 말라."라고 했습니다. 에베소서 6:5~9 이때 놀라운 일이 벌어지기 시작했습니다.

그렇다면 과연 62가지만 있겠습니까? 우리의 삶, 성공자의 삶 자체가 21가지 비밀 속에 있다는 말입니다. 21가지에는 천명, 소명, 사명이 있습니다. 그것 없이는 성공하지 못합니다. 직장에서는 '하나님이 나를 보내셨다.'라는 천명을 붙잡고 일해야 합니다. 만약 성공하기 위해서 최선을 다하고 잔머리를 굴리거나 시간을 따지다보면 절대로 성공할 수 없습니다. 그리고 24시, 25시, 영원으로 하는 것입니다. 이것이 성공자의 자세입니다. 빛의 경제는 그 다음에 따라옵니다. 이때 하나님이 놀라운 응답을 주시기 시작합니다.

그 첫 번째 응답이 있습니다. 로마가 자신들을 죽일 것을 알고도 마가다락방에 모인 초대교회입니다. 여기에 최고의 경제인들만 모인 것입니다. 사도행전 2:9~11 이 열다섯 나라 사람들은 모두 해외에서 성공한 산업인이었습니다. 지금도 그렇지만 유대인들은 반드시 십일조를 냈습니다. 그리고 반드시 자신의 재산을 후대 키우는 데에 기부했습니다. 또, 성전 건축이라는 언약을 놓고 평생 동안 성전세를 냈습니다. 그러니 이들에게 복음이 들어간 것입니다. 초대교회에 빛의 경제가 쏟아지기 시작했습니다. 빛의 경제는 하나님이 가장 중요하게 보시는 전도, 선교할 수 있는 경제입니다. 여러분의 직업과 산업과 경제가 전도와 선교에 쓰임 받지 못한다면 그냥 경제일 뿐입니다. 먹고 사는 문제만 해결하다가 가는 것입니다. 결국 그것 밖에 남지 않습니다. 그런데 이들은 "사탄이 너희 발 앞에 무릎 꿇게 될 것이다."로마서 16:20라는 비밀을 알았습니다. 초대교회에 놀라운 기적이 일어나기 시작했습니다. 그중 첫 번째가 빛의 경제입니다. 그러니 초대교회를 막을 수 없는 것입니다. 그래서 성경에는 초대교회가 경제 문제로 고난 받았다는 기록이 없습니다.

또 하나 예를 들겠습니다. 안디옥교회의 응답 가운데 응답이 무엇입니까? 천하에 기근이 들었는데 안디옥교회만 괜

찾았습니다. 빛의 경제입니다. 이것을 찾아야 합니다. "우리가 무엇인가를 바친다. 헌신한다."라는 것에만 초점을 둘 것이 아니라 중요한 것을 발견해야 합니다. 그때에서야 자신이 누구인지 보이게 됩니다. "아, 내가 하나님 자녀구나! 하나님이 흑암에서 나를 건져냈구나! 그러면 나는 무얼 해야 하며 어디로 가야 할까?" 이 물음에 답이 나옵니다. 이때부터 이상한 일이 생깁니다. 세상 흐름을 뒤바꾸게 됩니다. 이것이 중요합니다. 이들이 유대 나라와 로마의 흐름을 바꿨습니다. 그러면서 증인으로 서게 되었습니다. 그것을 아는 사람들이 5가지 기초와 20가지 전략을 알게 된 것입니다. 이렇게 최고 능력자는 하나님의 인도를 받습니다. 하나님이 축복하지 않으시면 우리는 할 수 없습니다.

이것을 렘넌트Remnant가 세상에 나가기 전에 알려야 합니다.

많은 엘리트가 숨은 고통과 병을 앓고 있습니다. 엘리트들에게 이 사실을 알려주면 그들은 반드시 하나님께 쓰임을 받고, 변화가 일어날 것입니다.

이제 62가지 중에서 여러분의 산업에 꼭 오는 응답이 있습니다. 오직, 유일성, 재창조입니다. 우리는 빛의 경제를 가지고 전문성에 있어서 오직, 유일성, 재창조의 응답을 받아야 합니다. 전도와 선교를 위한 경제는 하나님이 준비하십니다.

3흐름 구원사역, 말씀성취, 기도응답 속에 있으라!

- 제1의 도전

전도와 선교를 위한 경제는 따로 있습니다. 하나님이 특별히 세우시기 때문입니다. 그래서 여러분이 몇 가지를 보셔야 합니다. 첫 번째, 하나님이 이루어나가시는 세 가지 흐름입니다. 이것을 빨리 알아채야 합니다. 하나님은 지금도 구원사역을 이루고 계십니다. 하나님은 지금도 말씀을 성취하고 계십니다. 하나님은 지금도 기도에 응답하고 계십니다. 이 흐름 중에서 가장 큰 흐름이 구원의 역사 아니겠습니까?

이드로의 기록을 자세히 보면 그가 세 가지 흐름을 본 사실을 알 수 있습니다. 이 사실은 라합의 고백을 통해서도 알 수 있습니다. 세 가지 흐름을 본 것입니다.

오바댜도 세 가지 흐름을 보았습니다. 그래서 생명을 걸 수 있었습니다. 이스라엘이 우상에 빠져 죽을 수 있는 나라가 되었다는 것은 너무나 놀랍고 안타까운 일입니다. 다른 사람은 다 자신의 재산, 지위를 지키고자 그대로 흐름에 휩쓸려갔습니다. 그런데 오바댜는 선지자들을 죽이라는 왕의 명령에도 백 명의 선지자를 숨겼습니다. 그로 인해 칠천 제자가 일어났고 도단성운동이 일어나 아람 군대를 막을 수 있었습니다. 이것이 빛의 경제입니다.

여러분 현장의 흑암 세력은 여러분이 막게 될 것입니다. 역사를 보면 알 수 있습니다. 어떤 강대국이라도 영원히 존재한 나라는 하나도 없습니다. 그 어떤 종교, 우상도 영적 문제를 막은 적이 없습니다. 영적 문제가 와 있는데도 인정을 하지 않습니다. 미국에 가면 정신질환자, 마약 환자 천지입니다. 한국과 일본의 많은 엘리트 역시 영적 문제로 고통 받고 있습니다. 그런데 부끄러움 때문에 인정하지 않습니다.

그렇다고 해결되는 것도 아닙니다. 우리가 언약을 잡으면 하나님이 반드시 역사하십니다. 제가 이 언약을 붙잡으니 하나님은 아무 쓸모없는 저도 지켜주셨습니다. 여러분을 만났다는 사실도 제게는 기적입니다. 여러분이 잠깐 했던 기도 덕분에 이제 렘넌트Remnant들이 일어나고 있습니다. 이것은 기적입니다.

이번에도 미국에 다녀왔습니다. 유달리 요즘에는 몇 갑절로 인물들이 일어나고 있었습니다. 사실 그곳의 어른들은 아무런 힘이 없는 것처럼 보였지만, 그 후대들 중에 인재들이 일어나고 있었습니다. 그래서 저는 또 깨달았습니다. '어떻게 저렇게 사는가? 저렇게 힘도 없이…'라고 생각했는데 그 후대들에게 우리 후대들과도 비교할 수 없는 역사가 일어나고 있던 것입니다. 한편으로는 부끄럽고 다른 한편으로는 고맙다는 생각이 들었습니다. 그토록 힘든 상황의 교회에서, 목회를 하지 못하는 아버지 아래에서 어려움을 겪거나, 교회가 서로 분쟁하는 가운데서도 인물이 나오는 모습을 보며 하나님의 은혜임을 알았습니다.

더 예를 들면 가이오, 브리스길라 아굴라 부부가 있습니다. 이 사람들이 이 흐름을 본 것입니다. 빛의 경제가 어디로 흐르는가를 봐야 합니다.

록펠러 1세와 인물들도 그 흐름을 제대로 보았습니다. 록펠러 1세John Davison Rockefeller, 1839~1937에게 그 어머니가 한 이야기는 전설처럼 여겨집니다. "예배에 꼭 성공해야 된다." "교회에 가서는 아무 말도 하지 마라. 무조건 '아멘.'만 말해라." "네가 할 일은 하나 밖에 없다. 돈을 벌거든 세계를 복음화해라." 그래서 록펠러는 한 시간 전에 교회에 갔다고 합니다. 예배에 성공하기 위해서입니다. 그러니 그 사람을 통해서 일어난 역사는 매우 클 수밖에 없습니다. 이천 개의 교회를 세워 전부 보험도 들었습니다. 왜 보험에 들었을까요? 교회를 계속 유지하기 위해서입니다. 복음을 바탕으로 한 24개의 대학도 세웠습니다. 간단한 언약만 붙잡았는데 말입니다. 그 다음 세대들이 문제이지, 처음 세대들은 굉장한 언약을 붙잡고 했습니다. 어쨌든 록펠러는 지금도 미국에 큰 영향을 주고 있는 인물 중 한 명입니다.

3단체 뉴에이지, 프리메이슨, 유대인 조직를 능가하라!
- 제2의 도전

두 번째로 여러분이 해야 할 제2의 도전입니다. 여러분이 영안을 열고, 오래 전부터 사탄이 역사해 온 3단체를 능가해야 합니다. 3단체를 능가하는 언약을 잡아야 합니다.

여러분 가운데 능력이 생기면, 반드시 선교를 위한 기업은 따로 세워야 합니다. 성전 건축과 제1, 2, 3 RUTC를 위한 기업을 따로 세워야 합니다. 그리고 보호자, 식주인, 동역자 기업이 여러분 가운데 나올 것입니다. 보호자, 식주인, 동역자 역할을 감당하는 기업을 따로 세워야 합니다. 브리스길라 아굴라 부부가 돈을 벌어서 선교를 많이 하고 바울을 평생 도왔습니다. 성경에는 이 사실만 나와 있습니다. 그런데 I. C. C Intemational Critical Commentary 주석을 보면 브리스길라 아굴라 부부는 단순한 사업을 한 것이 아님을 알 수 있습니다. 그들은 굉장한 기업의 축복을 받았습니다. 그 주석에 브리스길라 아굴라 부부에 대해서만 꽤 많은 기록이 나옵니다. 이 사람들은 언약을 가지고 있었던 사람입니다.

이렇게 여러분 통해서 하나님이 하실 일이 많습니다. 빛의 경제가 따로 있기 때문입니다.

사회단체, 종교단체를 넘어서라! - 제3의 도전

이제 여러분은 제3의 도전을 해야 합니다. 사회단체에서, 종교단체에서 하는 것을 넘어서야 됩니다. 우리의 미래를 3단체에게 다 빼앗기고, 우리 후대를 종교단체에 다 빼앗긴다면 우리는 인생을 잘못 산 것입니다.

보이스카우트,Boy Scouts 걸스카우트Girl Scouts을 만든 사람을 보시기 바랍니다. 이것이 후대에게 엄청난 영향을 주고 있습니다. YMCA,Young Men's Christian Association YWCAYoung Women's Christian Association도 마찬가지입니다. 더 놀라운 것은 유대인과 프리메이슨입니다. 3단체에서 곳곳에 로지Lodge를 만들었습니다. 지금 실제로 일어나고 있는 일입니다. 보이스카웃, 걸스카웃은 연중 행사를 한 번 하는 것으로 그치고, YMCA,

YWCA는 건물을 구입해서 임대료를 받습니다. 그런데 로지는 그렇지 않습니다. 평상시에 매일 모입니다. 거기에 인재들을 모아 만들어내고 불러들입니다. 중직자들은 미국에서 프리메이슨 로지에 꼭 가보셔야 합니다. 양복을 입은 프리메이슨 중직자가 안내를 합니다. 그리고 메이슨Mason인지, 방문자인지 물어봅니다. 방문자라고 하면 안내를 해줍니다. 그곳에 가시면 방을 다 가보시기 바랍니다. 대단한 일을 하고 있습니다. 저는 '와, 사탄은 정말 대단하다. 그런데 우리 교회는 생각도 안 하고 있구나.'라고 생각했습니다.

그것으로 끝나는 것이 아닙니다. 지금 무슬림을 보면 한국을 장악하겠다고 기도처를 백 여 군데 세웠습니다. 그것도 자기들끼리 돈을 조금씩 모아 하나도 힘들지 않게 만들었습니다. 제가 몇 년 전에 확인한 사실입니다. 이들의 목표는 한국 장악입니다. 우리나라 지식인들은 영안을 가지고 있지 않습니다. 우리나라 정치인들, 교수님들도 그렇습니다. 복음 없는 사람들은 영적 지식이 하나도 없습니다. 그러니 왜 망하는지도 모릅니다. 그런데 여러분은 언약만 잡으면 됩니다.

하나님이 모세에게 약속하셨습니다. "내가 능한 손으로 너와 함께하겠다."라고 말씀하셨습니다. 어떻게 이 일을 할까요?

간단한 답

답은 굉장히 간단합니다. 이 언약을 가지고 있으면 됩니다. 영적 문제는 모든 사람에게 있기 때문에 그들에게 답을 주기만 하면 역사가 일어납니다. 각종 이상한 종교가 많이 나타나서 기승을 부리고 있습니다. 그들로 인해 영적 문제를 갖게 된 자들을 치유하는 최후의 보루가 바로 복음가진 자이어야 합니다. 저는 지금 3단체로 인해 정신 질환을 갖게 된 자들을 치유하는 팀을 준비하고 있습니다. 여러분, 영적 문제를 가진 사람은 무슨 짓을 할지 모릅니다. 이들에게 답을 주는 중직자, 이들에게 답을 주는 산업인이 되어야 합니다. 분명히 빛의 경제는 따로 있습니다.

다시 서론을 살펴보기 바랍니다. 그러면 보입니다. 그러면 응답은 하나님이 주십니다. 무조건 열심히 해서 성공할 수는 있습니다. 그로인한 성취감과 "이것은 아무리 봐도 하나님의 역사다."라는 고백 중에 어떤 것이 더 낫겠습니까? 여러분의 자녀가 공부를 열심히 한다면 잘 될 수 있습니다. 그러나 불안감은 여전할 것입니다. 또 다시 열심히 해야 하기 때문입니다. 그런데 여러분의 자녀가 영적 힘을 얻어서 공부를 한다면, 하나님이 실제로 영적 힘을 주신 것이 분명하다면 전혀 불안하지 않습니다. 하나님이 주신 힘이 생기기 때문입니다. 이것은 완전히 다른 것입니다. 그래서 우리 기독교인은 불신자처럼 살면 안 됩니다. 하나님 자녀는 하나님 자녀답게 살아야 됩니다. 하나님 자녀는 흑암이 아닌 빛에 속해 있습니다. 더 중요한 것은 예수님이 "너희가 세상의 빛이 되라."가 아닌, "너희는 세상의 빛이라."라고 말씀하셨다는 점입니다. 틀림없습니다. 이 사실을 여러분이 정말 언약으로 붙잡아야 됩니다.

어떤 분이 "목사님이 너무 렘넌트Remnant들을 치켜세우니까 아이들이 공부도 안 하면서 '나는 렘넌트Remnant다.'라면서 돌아다닌다. 어떻게 하면 좋겠냐?"라고 물었습니다. 제가 답을 주었습니다. "공부도 안 하는 게 '나는 렘넌트Remnant가 아니다.'라고 하면 그건 죽는 것이다." 또 어떤 분은 이렇게 묻습니다. "저 사람은 매일 기도하고 훈련 받는데 왜 저렇습니까?" 진짜 잘못 본 것입니다. 그 사람이 훈련도 받지 않는다면 어떻게 되겠습니까? 그러니 훈련이라도 받아야 하는 것입니다. "저 사람은 메시지를 아무리 들어도 변하지 않습니다." 아닙니다. 계속 메시지를 들어야 그 이상의 재앙에 빠지지 않게 됩니다. 그래서 여러분이 하는 일이 얼마나 중요한지 아셔야 합니다.

하나님, 감사드립니다. 중직자시대를 여시고 〈제1회 중직자대회〉를 허락하심을 감사드립니다. 하나님이 꼭 원하시는 것을 알려주옵소서. 하나님이 가장 필요로 하는 곳에 있게 하옵소서. 흑암 경제를 살리도록 빛의 경제 속에 있게 하옵소서. 예수 그리스도 이름으로 기도합니다. 아멘

중직자와 직업산업

로마서 16:20

1. 전도와 선교를 위한 빛의 경제

1) 모세출애굽기 3:18

2) 바울로마서 1:16~17

3) 그리스도 - 생生

4) 전도자의 삶 62가지

(1) 렘넌트Remnant

(2) 엘리트

(3) 산업 - 오직, 유일성, 재창조

2. 3흐름구원사역, 말씀성취, 기도응답 속에 있으라 - 제1의 도전

1) 이드로, 라합

2) 오바댜

3) 가이오, 브리스길라 아굴라 부부

3. 3단체뉴에이지, 프리메이슨, 유대인 조직를 능가하라

  - 제2의 도전

  1) 선교 기업

  2) 성전 건축과 제1, 2, 3 RUTC

  3) 보호자, 식주인, 동역자 기업

4. 사회단체, 종교단체를 넘어서라! - 제3의 도전

  1) 보이스카우트, Boy Scouts 걸스카우트 Girl Scouts

  2) YMCA, Young Men's Christian Association

     YWCA Young Women's Christian Association

  3) 로지 Lodge

5. 간단한 답

  1) 답을 주는 중직자

  2) 답을 주는 산업인

"나와 온 교회를 돌보아 주는 가이오도 너희에게 문안하고
이 성의 재무관 에라스도와 형제 구아도도
너희에게 문안하느니라"로마서 16:23

중직자의
미션

4. 중직자와 전도

말씀

로마서 16장 23절을 보시기 바랍니다. 결국 중직자 여러분
은 증인이 되어야 합니다. 그렇기 때문에 꼭 기억해야 할 것이
각인, 뿌리, 체질이 바뀌어야 한다는 점입니다. 각인, 뿌리,
체질 바뀐다는 것이 무엇인가를 먼저 알고, 예배를 드려야
합니다.

우리가 말씀을 들을 때 말씀이 우리의 생각 속에 들어오게
됩니다. 많은 사람이 '생각하는 대로 된다.'라고 하는데 그 말
이 아닙니다. 생각한 것이 뇌에 각인되는 것입니다. 즉, 이 말
씀이 여러분의 영혼에 각인됩니다. 이때부터 역사가 일어납
니다. 하나님의 말씀이 영혼에 각인이 될 때 일어나는 역사는
하나님도 막으실 수 없습니다. 하나님의 말씀이기 때문입니
다. 하나님도 못하시는 것이 하나 있는데 바로 거짓말입니다.
목사님들은 설교를 하면서 '내가 설교한다.'라고 생각한다면
매우 큰 착각입니다. 자신의 설교를 통해 하나님이 말씀하는
그 내용을 목사 스스로도 들어야 합니다. 그리고 교인이 그 설

교를 들을 때 하나님의 음성을 들어야 합니다. 여러분이 예배나 집회에서 하나님의 말씀을 들을 때 그 말씀이 여러분의 영혼 속에 각인, 뿌리, 체질되면 놀라운 역사가 시작됩니다. 이번 〈제1회 중직자대회〉의 말씀은 하나님이 꼭 원하시는 것입니다. 성경에도 다 나와 있습니다. 그렇기 때문에 반드시 이 말씀대로 하셔야 합니다.

우리가 두 번째로 생각할 것이 있습니다. "전도 중의 전도는 과연 무엇인가?"입니다. 노방 전도보다 더 큰 전도가 있습니다. 다락방 전도는 모여서 다락방에서 말씀운동하는 것입니다. 그런데 그것보다 더 큰 전도가 있습니다. 이것을 중직자가 알고 그 말씀을 담아야 됩니다. 하나님의 말씀이 우리 생각을 사로잡고 뇌에 각인되면 절대 빠져나가지 않습니다. 말씀이 영혼에 각인 될 때 역사가 일어납니다. 그러나 불신자 의사들은 영혼이 모든 것에 영향을 준다는 사실을 잘 알지 못합니다.

전도 가운데 가장 큰 전도, 선교 가운데 가장 큰 선교는 템플Temple 전도, 템플 선교입니다. "우상 성전이냐, 복음 성전이냐?"입니다. 결국 이것이 남는 것입니다. 아무리 이런 저런 교회가 많아도 그 지역에 큰 우상 성전이 하나 선다면 영적으로 끝난 것이나 마찬가지입니다. 그래서 어떤 성당이나 우상 신전은 오백 년, 백 년, 천 년 동안 짓기도 했습니다. 그것을 알고 있는 왕은 죽을 때 이렇게 유언을 남깁니다. "네가 어느 정도까지 지어라." 이렇게 말하고 죽는 것입니다. 이 말은 템플 전쟁이 시작되었다는 뜻입니다.

이 전쟁은 옛날부터 있었습니다. 태국의 영적 문제는 막으려고 해도 막을 수 없습니다. 우상 템플이 가득하기 때문입니다. 이 자리에 대만이나 일본에서 오신 사명자도 계실 것입니다. 대만과 일본에 정신질환자가 많이 생기는 이유도 마찬가지입니다. 국가 전체에 우상 템플이 있기 때문입니다. 그런데 지도자들은 그 사실을 모릅니다. 이 사실을 어느 대학에서도 가르치지 않습니다. 그 나라에 많은 정신병이 오게 되었습니다. 그래서 하나님이 우상숭배를 하지 말라고 말씀하셨습니다.

여기서 모든 영적 문제가 일어납니다. 그러므로 모든 복음 운동이 여기서 일어나야 합니다.

그렇다면 여러분이 받을 축복은 무엇일까요? 오늘 이 말씀을 여러분 영혼 속에 담으면 역사는 반드시 일어납니다. 앞으로 여러분이 받을 축복이요, 여기에 있는 중직자들이 받을 축복을 말씀드리겠습니다.

메이슨Mason 전쟁에 승리한 자 - 영적 싸움

첫째, 메이슨Mason, 석공 전쟁입니다. 메이슨 전쟁에 승리한 자들이 받을 응답입니다. 이것은 여러분도 아시다시피 굉장한 영적 싸움입니다.

성전 지은 사람을 메이슨이라고 부릅니다. 그런데 3세기 때부터 생겨난 것이 프리메이슨Freemason입니다. 지금 미국에 있는 프리메이슨도 이때 생겼습니다. 본격적으로 우상 템플을 만들기 시작한 것입니다. 누가 시키지도 안했는데 하나가 되어Oneness 일어났습니다. 각 나라끼리 의논하지도 않았는데 똑같이 용, 뱀의 형상을 만들어내고 있습니다. 여기에 맞붙어 싸울 수 있는 응답자가 홀리 메이슨Holy Mason입니다.

이때마다 일어난 중직자와 렘넌트Remnant들이 있었습니다. 애굽에 피라미드 신전과 싸운 모세, 다곤 신전과 싸운 사무엘과 다윗, 바알, 아세라 신전과 싸운 엘리야와 엘리사, 느보 신전과 싸운 사드락, 메삭, 아벳느고, 다니엘입니다. 또, 바울은 로마가 세운 제우스 신상과 싸우고, 로마를 복음으로 정복했습니다.

하나님은 이들을 쓰실 수밖에 없습니다. '무엇을 할 것인가?' 이전에 '하나님이 무엇을 주셨는가?'를 봐야 합니다. '무엇을 할 것인가?' 이전에 '하나님이 무엇을 원하시는가?'를 알아야 합니다. 또, '무엇을 염려해야 하는가?' 이전에 '사탄이 무엇을 두려워하는가?'를 알아야 합니다. 사탄은 여러분을 두려워합니다. 그리스도 언약을 붙잡고 있기 때문입니다. 그래서 메이슨 전쟁입니다.

그래서 하나님은 시대마다 메이슨 전쟁을 할 비밀결사대를 세우셨습니다. 이 사람들이 받은 응답이 얼마나 큰지 여러분은 상상하지 못할 것입니다. 이것을 실제적으로 아는 만큼 응답을 받습니다. 저는 다행히도 우상숭배하는 것과 전도운동이 무엇인지 알았습니다. 이때마다 하나님이 비밀결사대로 중직자를 사용하셨습니다. 여러분이 하나님이 원하시는 이 세 가지 사실을 마음에 담고, 여러분의 영혼 속에 뿌리내리면, 하나님이 역사하실 것입니다. 하나님의 응답을 여러분들에게 몰아주실 것입니다.

그러면 여러분의 사업은 어떻게 되겠습니까? 그게 응답입니다. 하나님이 여러분에게 몰아주시는 것이 있습니다. '이 사람이 어디에 있느냐?' '요셉이 어디에 있느냐?' '다윗이 어디에 있느냐?' '엘리야가 어디에 있느냐?' '엘리사가 어디에 있느냐?' '바울이 어디로 가고 있느냐?'에 따라 하나님은 모든 축복을 몰아주셨습니다. 축복 받는 방법을 알아야 합니다.

성전 전쟁에 승리한 자 - 문화 싸움

둘째, 성전 전쟁입니다. 이것은 문화 싸움입니다. 성경 66권의 가장 중요한 이야기입니다. 성전 전쟁에 승리한 자들의 응답이 여러분의 것이 될 것입니다. 쉽게 말하면 어디에 사로잡혔는가에 따라 역사는 일어납니다. 여러분이 하나님의 말씀에 깊이 사로잡히기 바랍니다.

하나님은 성막운동을 위해서 모세를 부르셨습니다. 그래서 출생의 기적이 일어날 수밖에 없습니다. 하나님은 성막운동을 회복하기 위해서 모세를 애굽으로 보내셨습니다. 그래서 출애굽의 기적은 당연히 일어날 수밖에 없었습니다. 하나님은 모세에게 광야 길을 가는 동안 중요한 모든 응답을 주셨습니다. 이 축복을 받으시기 바랍니다.

하나님의 놀라운 축복은 제1, 2, 3성전을 통해 역사하셨습니다. 제1성전인 솔로몬성전, 이스라엘 백성을 바벨론에서부터 회복시켜 새로 지은 제2성전인 스룹바벨성전, 그리고

제3성전, 헤롯성전입니다. 세 성전를 통해서 문화 싸움을 한 것입니다.

하나님이 모세와 다윗을 부르신 이유, 이 축복을 언약으로 굳게 붙잡아야 합니다. 하나님의 말씀을 붙잡으면 반드시 역사합니다. 그 응답을 가지고 헌신하면 됩니다. 다윗은 "나는 왕궁에서 편안하게 잠을 자는데 하나님의 언약궤 모실 성전이 없어서 잠을 이룰 수가 없다."라고 고백했습니다. 그 정도로 언약궤 모실 성전이 각인되었습니다. 그리고 그 성전을 위해 헌신하면서 "하나님이 주신 것으로 헌신했다."라고 고백했습니다. 제1, 2, 3성전에 일어난 문화 싸움에 승리한 자들의 응답을 여러분들도 받게 될 것입니다.

이제 빼앗긴 성전을 회복해야 합니다. 빼앗긴 언약궤를 회복한 사람들이 주인공입니다. 사무엘이 다윗에게 언약궤를 빼앗겼다가 회복한 이야기를 해주었습니다. 다윗이 그 얘기를 듣는 순간부터 여호와의 영에 크게 감동되었다고 했습니다. 왕이 되어서는 가장 중요한 언약궤를 둘 성전 건축을 위해 기도했습니다. 이때 이스라엘과 주위의 흑암문화를 완전히 꺾는 역사가 일어났습니다.

교회 전쟁에 승리한 자 - 예배 싸움

셋째, 교회 전쟁에 승리한 자들이 바로 초대교회 성도입니다. 결국 예배 싸움입니다. 복음이 아닌 예배는 예배가 아닙니다. 오히려 우상숭배입니다. 복음 없는 템플은 우상 신전입니다. 그래서 사탄은 예배를 빼앗으려고 하는 것입니다. 이것을 가장 주의해야 합니다. 우리가 성전 짓는 이유 역시 복음 가진 예배를 회복하기 위해서입니다. 마태복음 4장을 보면 사탄이 예수님께 와서 시험하는 장면이 나옵니다. 먼저 하와를 먹을 것으로 유혹한 것처럼, 가장 쉬운 방법인 먹을 것으로 예수님을 시험했습니다. "배고픈데 이 돌로 떡이라도 만들어 먹어라."라고 말입니다. 이 유혹의 말은 너무 쉽고 유익이 되는 것처럼 들릴 수 있습니다. 두 번째로 희망, 동기, 명예심을 건드렸습니다. "당신이 하나님의 아들이라면 성전 꼭대기에서 뛰어내려라." 그러면서 기록된 하나님의 말씀까지 인용했습니다. "하나님의 사자가 와서 네 발을 받들지 않겠냐?" 예수님은 그 시험을 단번에 꺾었습니다. 그랬더니 사탄이 본론을 내놓았습니다. "천하 만국을 보여주며 이 모든 것을 네게 주겠다. 내게 경배해라." 하나님께 예배하지 말라는 것입니다. 이처럼 사탄의 목적은 예배를 빼앗아 가는 것입니다. 그래서 하루 빨리 복음을 회복한 예배를 되찾아야 합니다. 이때 하나님이 초대교회에 주신 축복을 여러분에게 주실 것입니다.

하나님이 헤롯성전을 없앤 이유는 다민족의 뜰이 없었기 때문입니다. 하나님은 분명히 다민족의 뜰을 만들라고 지시하셨습니다. 게다가 렘넌트Remnant의 뜰도 없었습니다. 그런데 거기서 장사한 것입니다. 예수님은 "내 집은 만민의 기도하는 집이라"마가복음 11:17라고 말씀하셨습니다. 기도하는 뜰이 없었던 것입니다. 이것을 회복해야 합니다.

그것으로 끝나지 않습니다. 이제는 현장 교회를 회복해야 합니다. 그래서 5가지 기초다락방, 팀 사역, 미션홈, 전문교회, 지교회가 필요합니다. 그리고 바울은 회당, 서원으로 파고들어갔습니다.

브리스길라 아굴라의 집에 있는 교회로마서 16:5의 축복도 있습니다. 이것이 지교회입니다. 지교회를 하는 이유는 불신자를 전도하기 위함입니다. 여러분이 진짜 복음을 가지고 있다면 불신자 병자들을 불러서 복음의 말씀으로 고쳐야 됩니다. 지교회를 한다고 하면서 자꾸만 다른 교회의 교인을 데리고 와서는 안 됩니다. 실제로 불신자 전도를 하기 바랍니다. 그 지교회를 회복해야 됩니다. 초대교회는 군데군데에 지교회를 만들고 불신자를 살려냈습니다. 병자들을 치유했습니다. 점술에 빠진 자를 치유했습니다. 그리고 우상에 빠진 자를 치유했습니다. 얼마나 놀라운 일입니까?

그런데 이것으로도 끝나지 않았습니다. 곳곳에 렘넌트Remnant들이 모이는 현장을 만들었습니다. RUTCRemnant Unity Training Center를 세운 것입니다. 이것은 성전운동을 넘어선 교회운동이며, 우리가 받을 축복입니다.

그것으로 끝나지 않고 역사적 증거로 남았습니다. 초대교회는 모든 지역에 대표적 교회를 세웠습니다. 여기까지가 메이슨운동, 성전운동, 교회운동입니다.

중직자 여러분이 굳게 붙잡아야 합니다. 만약에 여러분이 이 운동을 할 사람이라면, 하나님은 가장 먼저 여러분의 산업과 건강을 지키실 것입니다. 그것을 빛의 경제라고 합니다. 이것을 빨리 회복하셔야 됩니다.

영원히 남는 것

더 중요한 것은 또다시 복음이 사라지지 않도록 영원히 남는 것을 붙잡아야 한다는 점입니다. 그러면 여러분의 신앙고백과 여러분의 기업은 영원할 것입니다. 여러분은 나이가 들수록 살아있는 생명운동을 하게 될 것입니다. 복음운동을 하는 여러분이 받을 응답입니다. 메이슨 전쟁, 성전 전쟁, 교회 전쟁에 승리한 자, 이것이 여러분이 앞으로 받을 축복입니다. 이 복음을 지속하기 위해 다음 셋 중에 하나는 반드시 하셔야 합니다.

먼저 지역을 살리는 교회당, 불신자를 살리는 지교회당, 미래를 살리는 RUTCRemnant Unity Training Center에 헌신해야 합니다. 세 개의 응답을 동시에 받는 것이 제대로 된 응답입니다.

"아, 나는 지금 돈이 없는데 어떻게 해야 합니까?" 돈 있는 사람이 이 일을 할 수 있도록 도우면 됩니다. "나는 능력이 없는데 어떻게 해야 합니까?" 능력 있는 사람이 이 일을 할 수 있도록 도우면 됩니다. 그래서 이 일을 하도록 만들어주면 됩니다. 최고의 축복입니다. 영원히 남는 것이기 때문입니다.

저는 RUTC에 여러분 개인의 이름을 걸어도 괜찮다고 생각합니다. 나쁠 것 없습니다. 장로님 이름을 걸고 RUTC를 만들어서 영원히 남기고 복음운동을 하는 것도 괜찮습니다. 과거에도 보면 베드로성전, 바울성전이 있는 것처럼 말입니다.

지금부터 응답이 오기 시작할 것입니다. 그러므로 중요한 부분을 절대 놓치지 말아야 합니다. 62가지 삶 중에 여러분에게 가장 중요한 것이 무엇입니까? 언약을 붙잡고 24시 하는 것입니다. 그러면 25시 응답, 영원한 응답이 올 것입니다. 이 응답을 받은 사람이 초대교회의 중직자였습니다.

결국 우리가 늘 알고 있는 로마서 16장 25~27절 말씀을 회복해야 합니다. 하나님은 "영세 전에 감춰뒀다가 이제 나타나신 바"를 주시기 위해 우리를 부르셨습니다. 왜일까요? 아무리 능력이 있어도 불신자는 볼 수 없는 것이기 때문입니다. 하나님이 여러분에게 주시려고 하는 것은 영원히 남을 것입니다. 이런 축복을 예비해놓은 것입니다. 지금부터 24시 시작하기 바랍니다. 그러면 놀라운 응답은 하나님이 이루실 것입니다. 특히 우리 중직자들의 산업에 하나님이 빛을 비추실 것입니다.

하나님, 감사드립니다. 〈제1회 중직자대회〉를 여시고 응답하신 하나님께 감사드립니다. 정말 우리 영혼 속에 하나님의 것이 각인되게 하옵소서. 우리의 기도로 하나님의 것이 뿌리내리게 하옵소서. 우리의 실천으로 하나님의 것이 체질화되게 하옵소서. 그래서 완전히 흑암 세력이 무너지게 하옵소서. 예수 그리스도 이름으로 기도합니다. 아멘

중직자와 전도
로마서 16:23

1. 말씀

1) 생각 → 뇌 → 영혼

2) 템플Temple 전도, 선교

3) 영적 문제 → 복음운동

2. 메이슨Mason 전쟁에 승리한 자 - 영적 싸움

1) 메이슨,Mason 프리메이슨,Freemason

홀리메이슨Holy Mason

2) 중직자, 렘넌트Remnant

3) 비밀결사대중직자

3. 성전 전쟁에 승리한 자 - 문화 싸움

1) 성막운동

2) 제1, 2, 3성전

3) 빼앗긴 성전

4. 교회 전쟁에 승리한 자 - 예배 싸움

1) 복음 회복 - 예배 회복

2) 다민족의 뜰, 렘넌트Remnant의 뜰, 기도

3) 현장 교회

(1) 5가지 기초

(2) 회당

(3) 서원

(4) 지교회

4) RUTCRemnant Unity Training Center

5) 대표적 교회

5. 영원히 남는 것

1) 교회당, 지교회당, RUTCRemnant Unity Training Center

2) 24시, 25시, 영원

3) 로마서 16:25~27

"데오빌로여 내가 먼저 쓴 글에는 무릇 예수께서 행하시며
가르치시기를 시작하심부터"사도행전 1:1

"친히 살아 계심을 나타내사 사십 일 동안 그들에게 보이시며
하나님 나라의 일을 말씀하시니라"사도행전 1:3

"오직 성령이 너희에게 임하시면 너희가 권능을 받고
예루살렘과 온 유대와 사마리아와 땅 끝까지 이르러
내 증인이 되리라 하시니라"사도행전 1:8

중직자와
전도자의 삶

전도자의 삶 62가지

전도자의 삶본질 21가지 - 성공자의 자세

성경에서 가장 중요한 것, 성경에서 말씀하는 것이 무엇인지를 제대로 알고 누리도록 만들어야 합니다. 인간에게 가장 문제 되는 것은 세 가지입니다. 그 누구도 재앙을 피할 수 없고, 사탄을 이길 수 없으며, 지옥의 권세배경를 무너뜨릴 수 없습니다. 그래서 성경은 세 가지 중요한 약속을 말씀하고 있습니다. 여기서 전도자의 삶이 시작됩니다.

◆ 유월절, 오순절, 수장절

◆ 갈보리산, 감람산, 마가다락방

◆ 그리스도, 하나님 나라, 오직 성령증인

인간의 삶에 있어서 신자와 불신자의 분명한 차이는 시작이 다르다는 점입니다. 불신자는 창세기 3, 6, 11장에서 삶이 시작되지만, 신자의 삶은 사도행전 1장 1, 3, 8절에서 모든 것이 시작됩니다. 그러니 삶의 과정은 같아 보일지 몰라도 결과는 완전히 다르게 나옵니다.

이때부터 전도자의 삶의 방법 15가지가 나오게 됩니다.

천명이란 '하나님이 왜 나를 부르시고, 나에게 구원의 비밀을 주셨는가?' '하나님이 만드신 나, 나의 것, 나의 현장을 발견한 것'을 말합니다. 거기에서 소명, 사명은 따라오게 됩니다. 그리스도를 모르면 당연히 망하게 되어있습니다. 인간은 당연히 그리스도를 알아야 합니다. 그리고 그리스도를 아는 자에게 사탄의 일을 멸하는 것은 필연적인 것입니다. 여기에 증인되는 것은 절대적인 것입니다. 그리스도는 충분하고, 완전하고, 모든 것이 들어있는 유일한 해답입니다. 그러므로 그리스도로 일심하면 됩니다. 그리고 하나님 나라가 임하도록 전심All-in하면 됩니다. 나아가 오직 성령의 역사를 지속하면 되는 것입니다. 이때 다른 사람은 볼 수도, 할 수도, 갈 수도 없는 오직 그리스도, 하나님 나라의 유일성, 오직 성령을 통해 현장의 흐름과 문화를 바꾸는 재창조의 역사가 응답으로 오게 됩니다. 이 응답을 24시 누리게 되면, 하늘 보좌의 능력이 나타나는 25시의 응답이 옵니다. 그리고 성령 안에서 하는 작은 일이 영원히 남는 사역이 됩니다.

여기서 전도자의 삶의 목표를 발견할 수 있습니다. 그동안 사탄으로 각인된 것, 뿌리내린 것, 체질된 것을 오직 그리스도로 각인, 오직 하나님 나라로 뿌리, 오직 성령증인의 체질로 바꾸는 것입니다.

21가지 삶은 결국 오직 그리스도, 오직 하나님 나라, 오직 성령 안에서 나오는 삶을 말합니다. 모든 답을 사도행전 1장 1, 3, 8절 안에서 천명을 찾아내면 나머지는 반드시 되어집니다.

기도의 행복 5가지 - 24시 하나님을 향한 집중

기도의 첫 번째는 감사입니다. 그리스도로 말미암아 재앙, 사탄, 지옥배경에서 빠져나와 구원받았다는 것만큼 큰 은혜와 감사가 없습니다. 그래서 구원의 비밀, 영적 축복, 7가지 축복, 6가지 권세 24시, 영원한 임마누엘을 누리는 감사가 기도의 첫 번째 원리입니다.

하나님은 하나님 자녀에게 말씀을 주시고, 그 말씀은 반드시 성취됩니다. 그 말씀 흐름 속에서 말씀성취를 확인하고 누리는 것이 기도의 두 번째 원리요, 예배의 축복입니다. 이때 세상 것으로 파괴된 나의 영적 상태가 회복됩니다.

말씀 흐름이 보일 때, 하나님을 향한 집중을 누리게 됩니다. 어떤 상황 속에서도 말씀 흐름을 보고 하나님을 향해 집중할 수 있다면, 모든 것은 다 회복됩니다. 이 시간이 가장 행복한 시간입니다.

기도응답을 받으면 영적 힘만 얻게 되는 것이 아닙니다. 하나님은 모든 힘을 다 주시고 어떤 현장과 문제 속에서도 답이 보이며 복음을 선택하게 됩니다. 이때 비로소 영적 치유, 정신 치유, 육신 치유의 행복을 맛볼 수 있습니다.

이때부터 삶 가운데 말씀이 성취되고, 하나님의 말씀과 삶이 일치됩니다. 하나님이 준비하신 미래가 말씀 흐름 속에서 보이게 됩니다.

달란트_{서밋}의 길 7가지 - '나, 나의 것, 나의 현장'

달란트는 무엇을 말할까요? '나'를 찾는 것이 아니라, '하나님이 만드신 나', '하나님이 준비하신 나의 것', '하나님이 예비하신 나의 현장'을 발견하는 것입니다. 하나님이 선택한 민족이며, 지금도 전 세계에 막대한 영향력을 끼치고 있는 유대인을 참고하면 됩니다. 그러나 이스라엘 민족은 복음을 놓쳤고, 그 결과 끊이지 않는 재앙을 겪고 있습니다. 복음을 가진 우리는 이들의 방법을 참고하여 하나님의 방법으로 달란트를 쉽게 찾을 수 있습니다.

유대인은 어려서부터 토라, 탈무드, 쉐마를 보게 하지만, 우리는 복음의 말씀과 성경의 렘넌트Remnant 7명의 인생 스토리를 보면 됩니다. 세상의 위인 이야기를 읽게 하는 대신 성경의 렘넌트Remnant 7명을 움직이신 하나님의 역사를 보게 해야 합니다. 나아가 유대인은 세 절기를 통해 정체성을 확인하지만, 우리는 사도행전 1장 1, 3, 8절을 통해 정체성을 구체적으로 체험하게 됩니다. 또, 안식일만을 철저히 지키는 것이 아니라 주일예배에 승리한다면 나머지 6일도 개인 기도를 체험하며 반드시 승리하게 됩니다.

유대인은 성인식을 치렀다면 우리는 '나'만 할 수 있는 평생, 매일, 미래의 오직전문성을 찾게 됩니다. 그리고 유대인이 회당에서 발견한 응답보다 더 큰 하나님이 '나'를 위해 준비하신 유일성사회성을 발견하게 됩니다. 유대인은 로지Lodge에 모였지만, 우리는 하나님이 주시는 재창조시대성의 축복을 가지고 현장의 흐름을 바꾸게 될 것입니다.

세상 살리는 소통 9가지 - 흐름변화

9가지를 동시에 보면서 현장의 흐름을 조용히 바꾸고 세상을 살리는 것입니다.

세계복음화를 위한 전략 20가지 - 그리스도의 유일성증인

참된 성공은 누가 뭐래도 나의 삶이 전도, 선교에 쓰임 받는 것입니다.

먼저 그리스도의 유일성 5가지5가지 기초입니다.

- 복음과 유일성을 누리는 것이 다락방입니다.
- 만남 속에서 이 유일성을 누리고, 유일성 포럼을 나누는 것이 팀 사역입니다.
- 삶에서 이 유일성을 누리는 것이 미션홈입니다.
- 직장, 업속에서 이 유일성을 누리는 것이 전문교회입니다.
- 지역에서 이 유일성을 가지고 흑암문화를 복음문화로 바꾸는 것이 지교회입니다.

다음으로 5가지 훈련1차합숙, 팀합숙, 현장캠프, 전문캠프, 전도집중캠프이 있습니다. 함께With의 축복 속에서 5가지 기초를 제대로 뿌리내리기 위한 훈련이 합숙훈련입니다.

5가지 시스템전도학교, 집중신학원, 선교사훈련원, RTS, RU은 현장 살리는 시스템을 만들고 지속하는 것입니다.

마지막으로 5가지 미래엘리트, 문화사역, 산업선교, 렘넌트, 치유는 후대를 살리고 흐름을 바꾸는 것입니다.

전도자의 삶 62가지

사도행전 1:1, 3, 8

1. 전도자의 삶본질 21가지 - 성공자의 자세

　1) 전도자의 삶의 시작

　　　(1) 유월절, 오순절, 수장절

　　　(2) 갈보리산, 감람산, 마가다락방

　　　(3) 그리스도, 하나님 나라, 오직 성령증인

　2) 전도자의 삶의 방법 15가지

　　　(1) 천명, 소명, 사명

　　　(2) 당연, 필연, 절대

　　　(3) 일심, 전심, 지속

　　　(4) 오직, 유일성, 재창조

　　　(5) 24시, 25시, 영원

　3) 전도자의 삶의 목표

　　　(1) 오직 그리스도 - 각인

　　　(2) 오직 하나님 나라 - 뿌리

　　　(3) 오직 성령증인 - 체질

2. 기도의 행복 5가지 - 24시 하나님을 향한 집중

  1) 감사

  2) 말씀 흐름

  3) 집중

  4) 치유

  5) 미래균형

3. 달란트서밋의 길 7가지 - '나, 나의 것, 나의 현장'

  1) 복음의 말씀과 성경의 렘넌트Remnant 7명의 인생 스토리 ↔ 토라, 탈무드, 쉐라

  2) 성경의 렘넌트Remnant 7명을 향한 하나님의 역사

    ↔ 위인 이야기

  3) '나'의 정체성을 체험 ↔ 세 절기 체험

  - 사도행전 1장 1, 3, 8절 구체화

  4) 주일예배와 나머지 6일 승리, 개인 기도 체험

    ↔ 안식일

  5) 오직 ↔ 성인식

  6) 유일성 ↔ 회당

  7) 재창조 ↔ 로지, Lodge

4. 세상을 살리는 소통 9가지 - 흐름^{변화}

   1) 정보 - 넓이, 높이, 깊이

   2) 인간관계 - 위,^{하나님} 아래,^땅 주위^{수위 사람}

   3) 시간표 - 과거, 현재, 미래

5. 세계복음화를 위한 전략 20가지 - 그리스도의 유일성^{증인}

   1) 5가지 기초 - 다락방, 팀 사역, 미션홈, 전문교회, 지
      교회

   2) 5가지 훈련 - 1차합숙, 팀합숙, 현장캠프,^{70인합숙} 전문
      캠프, 전도집중캠프

   3) 5가지 시스템 - 전도학교, 집중신학원, 선교사훈련원,
      RTS, RU

   4) 5가지 미래 - 엘리트, 문화, 산업선교, 렘넌트,^{Remnant}
      치유